FÓRMULAS DE BRUJAS Y RECETAS MÁGICAS NORUEGAS

Norske Hexeformularer og magiske Opskrifte

Anton C. Bang

Traducción y comentarios

Swami Manuel

Impresión: Impresión Offset Derra, S.L.
www.impresionderra.com
ISBN: 978-84-127610-4-7

INDICE

SOBRE ANTON BANG Y SU LIBRO

La primera vez que llegué al libro de fórmulas mágicas de Anton C. Bang me quedé realmente fascinado. Descubrir un libro recopilatorio con 1.576 fórmulas mágicas publicado en el año 1901, nunca traducido y con un fondo de investigación impresionante no era para menos. Imagino que la recopilación y análisis debió prolongarse años y gracias a su trabajo, podremos saber mucho más sobre la maravillosa historia de la magia.

Anton Christian Bang (Dønna, 18 de septiembre de 1840 – Kristiania, 29 de diciembre de 1913) fue un teólogo, historiador y político noruego, miembro del partido conservador Høyre. Bang fue una de las figuras más destacadas de la Iglesia de Noruega en las décadas alrededor de 1900. Desde 1885 hasta su muerte fue profesor de historia de la iglesia en la Real Universidad Federicana. Entre 1893 y 1895 fue ministro de Educación y Asuntos Eclesiásticos, y entre 1896 y 1912 fue obispo de la Diócesis luterana de Oslo (fuente: Wikipedia).

Su preparación académica es indudable y es evidente que su papel de investigador e historiador pasó por encima de las consignas de la Iglesia para eliminar textos de este estilo. Es sorprendente y admirable que no haya censurado, siendo Obispo de Oslo, fórmulas mágicas que la iglesia históricamente ha intentado prohibir y destruir. Contrariamente trabajó para su permanencia. Toda mi admiración.

Como el propio doctor Bang describe en el prefacio de su obra, ésta debía ser una colaboración con otro gran investigador de la época, el profesor Moltke Moe. Por las circunstancias que fueran, la colaboración no fue posible pero el profesor Moe puso a disposición del doctor Bang la documentación que disponía sobre el tema.

El origen de las 1.576 fórmulas es muy variado, siendo en su gran mayoría recogidas en manuscritos e impresos muy antiguos desde el siglo XVI hasta el XIX. Anton Bang describió en 42 páginas los papeles originales fuente de su compendio. Los papeles recogen las fórmulas que llegaron hasta la época en que fueron escritas, lo que significa que muchas recetas mágicas deben tener varios siglos más de antigüedad que los documentos originales.

El libro está escrito en noruego y en muchas partes del texto utiliza noruego antiguo. Mi trabajo ha sido el de traducir los textos y comentarlos de una forma objetiva, tal y como considero que el autor desearía. La obra tiene como título original "Norske Hexeformularer og magiske Opskrifte" cuya traducción es "Fórmulas noruegas de brujas y recetas mágicas".

Debido a la gran extensión del libro original, he decidido realizar la traducción en varios tomos, siendo este que está en tus manos el primero, que contiene desde la fórmula nº 1 a la fórmula nº 371.

No existen hasta la fecha traducciones a otros idiomas de esta gran obra. Es la primera vez que se traduce a otro idioma, por lo que en tus manos tienes algo único y novedoso. Estoy convencido de que este libro iba a seguir en el olvido por muchísimos años (o quizás para siempre). Mi trabajo ha sido darle una nueva vida y dar a conocer tanta sabiduría mágica de la antigüedad. Ahora está en tus manos, vas a realizar un viaje en el tiempo que te va a sorprender.

SOBRE LAS FÓRMULAS MÁGICAS DESCRITAS EN ESTE COMPENDIO

Este libro es un compendio de fórmulas y remedios mágicos. Su influencia cristiana es evidente, pues en la gran mayoría de las fórmulas se citan figuras del cristianismo. Pero también encontramos fórmulas que pueden chocar mucho con nuestra forma actual de pensamiento e incluso fórmulas con connotaciones negativas que proceden de los llamados libros negros.

Hace ya un tiempo, cuando decidí comenzar el laborioso trabajo de traducción, pregunté en mis redes sociales sobre si preferían una traducción completa del libro, incluyendo las fórmulas negras, o vamos a llamarlas "conflictivas", o si era conveniente una criba para eliminar las que pudieran tener esa connotación oscura. Venció casi por un 70% la opción de publicar toda la obra, siendo el resto votos pidiendo que solo se publicaran las fórmulas blancas o positivas. Siendo sincero, ya estaba convencido de publicar el libro en su totalidad, pero quería tantear la opinión pública. Me alegró saber que la gran mayoría pensaba como yo, aunque respeto los argumentos del 30% que principalmente temían un mal uso de las fórmulas no positivas. Mi convencimiento de publicar el libro en su totalidad estriba en que, de no hacerlo, estaría censurando el gran trabajo de recopilación histórica del doctor Bang y de los que escribieron en su día los manuscritos originales. Mirado de una forma más radical, si llevara a cabo esa censura, estaría realizando el mismo trabajo que realizó la Inquisición en su día. Tengo el convencimiento de que lo positivo siempre triunfa y que es necesario conocer las "armas del enemigo" para que no nos afecten.

Las fórmulas fueron escritas hace siglos recogiendo magias y métodos mucho más antiguos o populares. Eran tiempos difíciles donde la fortuna residía en tener salud, alguna cabeza de ganado o un pedazo de tierra fértil para cultivar. Verás que muchas fórmulas son referidas a cuidar el ganado, protegerlo de las energías negativas, de las enfermedades, etc. Otras muchas para protegerse de la envidia, de los hechizos y también para evitar picadas de serpientes, etc. Hay que aprender a hacer el ejercicio de actualización en muchas fórmulas si quieres aplicarlas a la situación y realidad actual. Te animo a ello. Voy a poner como ejemplo la fórmula siguiente:

Nº 47.
Contra el robo de energía.

(Según Lørdags-Aftenblad 1865, Página 50).
Sohr, 1865.

Roba a tu propio marido,
no robes a mi vaca.
Tu madre y tu padre serán enviados al tormento del infierno.
Luego haz una cruz sobre el campo con plena determinación.

Es una fórmula a todas luces defensiva/agresiva. No voy a entrar si es negativa o no, pues muchas veces las conjuraciones de magia popular deben tener esa posición de fuerza amenazante para conseguir su fin. Como vemos la fórmula está dirigida al robo de energía al ganado. Recordemos la época, el ganado era la fuente de fortuna, de supervivencia. En este caso, si quieres aplicar la fórmula a tu contexto, te aconsejo esta variación sencilla:

Roba a tu propio marido,
no robes mi energía.
Tu madre y tu padre serán enviados al tormento del infierno.
Luego haz una cruz sobre el campo con plena determinación.

o

Roba a tu propio marido,
no robes la energía de mi casa.
Tu madre y tu padre serán enviados al tormento del infierno.
Luego haz una cruz sobre el campo con plena determinación.

o

Roba a tu propio marido,
no robes mi suerte.
Tu madre y tu padre serán enviados al tormento del infierno.
Luego haz una cruz sobre el campo con plena determinación.

o

Roba a tu propio marido,
no robes mi salud.
Tu madre y tu padre serán enviados al tormento del infierno.
Luego haz una cruz sobre el campo con plena determinación.

Como se puede ver, cambia el destino de la protección, acomodándose a la situación actual. No temas hacer esos pequeños cambios en el destino de la persona a proteger. vas a tener cientos de oportunidades para adecuarlas a tu realidad. Verás que hay decenas de fórmulas de salud del ganado o de los caballos. Puedes hacer también esos ejercicios de adaptación.

Vamos a por otro ejemplo, se trata de una fórmula contra la dislocación en la pata de un caballo:

Nº 9.
Contra la Dislocación.

Jeløen (Rygge), c. 1780.

Jesús cabalgó sobre el ancho puente,
entonces su caballo se torció su pie.
Jesús descendió, miró,
puso en su articulación
lo que antes estaba dislocado. Puso hueso con hueso,
articulación con articulación, tendones con tendones,
cartílago con cartílago, sangre con sangre, y así obtuvo la cura.

Hay decenas de fórmulas en este formato. Puede sorprender su planteamiento, ya que no es habitual con respecto a lo que estamos acostumbrados, pero es absolutamente mágico. Son oraciones cortas en las que se narran situaciones y soluciones, como pequeños cuentos cortos con final positivo en el que se soluciona el problema. En este caso podemos realizar la siguiente variación:

Nº 9.
Contra la Dislocación.

Jeløen (Rygge), c. 1780.

Jesús cabalgó sobre el ancho puente con (N.N.),
entonces (N.N.) se torció su pie.
Jesús descendió, miró,
puso en su articulación
lo que antes estaba dislocado. Puso hueso con hueso,
articulación con articulación, tendones con tendones,
cartílago con cartílago, sangre con sangre, y así obtuvo la cura.

NN es el nombre de la persona a tratar, seas tú o quien creas. Su aplicación es amplia pues puede ser utilizada para muchos tipos de dolores y lesiones. Como ves, el sentido, la potencia de la oración queda intacta, es más, resulta más potente incluso al estar personalizada.

Solo son dos ejemplos con formas de adaptar a tu realidad las fórmulas mágicas originales. Verás que están más o menos ordenadas de forma que pueden parecer que algunas son casi iguales a otras. El autor ordenó las fórmulas y por eso en ocasiones hay variaciones muy interesantes de la misma situación.

SOBRE FÓRMULAS Y RECETAS RELACIONADAS CON LA MUERTE

Hay recetas y fórmulas inviables para realizar hoy en día, incluso completamente ilegales e insalubres. Son generalmente las relacionadas con la muerte, los muertos y los cementerios. Son extremadamente interesantes pues en la antigüedad se consideraba todo lo relacionado con la muerte (restos humanos, restos de ataúd, tierra de cementerio...) como cargados de propiedades místicas y energéticas que ayudaban a conseguir los fines deseados. Muchas de esas fórmulas no tienen una connotación negativa, eso es quizás lo más sorprendente. En la actualidad, prácticamente todos los rituales de los que tengo conocimiento y que utilizan estos elementos, son realizados con finalidades negativas. Materiales como la soga con la que se ha colgado a un condenado, las cadenas que llevaba, la ropa y los huesos y tejidos eran valiosos para los que trabajaban esta forma de magia. Principalmente eran usados por las brujas para elaborar sus rituales mágicos.

Es importante remarcar que se van a leer fórmulas que aconsejan ingerir materiales que pueden ser nocivos o realizar rituales de sanación usando por ejemplo una mano de un fallecido. Evidentemente, aunque a lo largo del libro desaconsejo su realización, insisto en la peligrosidad de los mismos y su clara ilegalidad y falta de ética y respeto por los restos humanos. Pero esta no es suficiente razón para no publicar estas fórmulas. Nos dan un conocimiento importante sobre los métodos que se utilizaban en sociedades donde la medicina ni estaba evidentemente al nivel actual ni era accesible al pueblo en general.

SOBRE LA TRADUCCIÓN Y COMENTARIOS

Ha sido una traducción compleja, ya que en el original hay palabras o desconocidas en la actualidad o en noruego antiguo. Es importante remarcar que algunos de los documentos antiguos originales, estaban en mal estado y eran de difícil lectura. En algunos casos, cuando la fórmula está incompleta o su interpretación es confusa, la he completado basándome en mis conocimientos sobre el tema, siempre y cuando sea evidente. En otras ocasiones, puede parecer que la fórmula es confusa pero quizás esa era la intención del que la creó. Muchas veces, en pocas líneas hay mucha información subliminal.

Quiero resaltar que he intentado mantener en la traducción de las fórmulas, tanto la puntuación original como la estructura. En muchas ocasiones es gramaticalmente incorrecta como en el uso de las puntuaciones, mayúsculas y más detalles. Ruego al lector un ejercicio de comprensión y que disfrute leyendo fórmulas tal como fueron escritas o al menos reproducidas.

Cada capítulo tiene la siguiente estructura:

- *Número de la fórmula o remedio mágico. Numeración mantenida del original.*
- *Título de la fórmula o remedio mágico. Respetando en la mayoría de las veces el original. En algunas ocasiones, sea por error del texto o por la poca claridad, he realizado pequeños cambios.*
- *Origen de la fórmula. Aunque muchas veces es confuso, he preferido dejar constancia.*
- *Fórmula o remedio mágico traducido. He preferido realizar un centrado del texto para distinguirlo del resto de la fórmula. El libro original tiene un formato parecido:*

No. 1.

Mod Vrid.

(Efter D).

Nordfjord
1862.

Jesus og St. Mekkel red
paa sine dyre Veie,
red Vred
i den venstre (høire)
Folefoden sin.
St. Mekkel afsteg,
satte Ben i Ben,
Kjød i Kjød,
Hud i Hud,
Haar i Haar.
Og der i Navnet o. s. v.
Fadervor 3 Gange.

- *Mi comentario sobre la fórmula. Una opinión a veces aclaratoria, a veces explicativa o complementaria. Está escrito en letra cursiva para distinguirlo de la fórmula original.*

ESTRUCTURA DEL LIBRO

Los bloques del libro los he respetado también del original. El Dr. Bang agrupó las fórmulas por temáticas o personajes que aparecen. A veces es confuso pero lo he mantenido tal cual el original aunque sí que he eliminado algunos subcapítulos que resultaban imprecisos.

PREFACIO DEL DR. A. CHR. BANG

El presente trabajo fue originalmente concebido para ser publicado conjuntamente por el profesor Moltke Moe y yo. Nuestro plan era que él proporcionara introducciones históricas y sustanciales a los diferentes grupos principales y suministrara referencias literarias a paralelos extranjeros para los números individuales, mientras yo me encargaba de revisar, transcribir y editar las fórmulas y recetas existentes en manuscritos no publicados y en la literatura impresa. Con esta colaboración en mente, el profesor puso a mi disposición sus colecciones de "libros negros" manuscritos y de notas que él, su padre, el difunto obispo Jørgen Moe, y otros habían hecho en viajes por diferentes partes de nuestro país. Sin embargo, debido a muchas circunstancias concurrentes, ha sido imposible para mi amigo, el profesor Moltke Moe, participar en la colaboración planeada más allá de repetidas consultas orales, por lo que la colección, al tener que ser publicada solo por mí, ha resultado ser menos valiosa, ya que carece de la información sustancial y literaria que él podría haber proporcionado con su, me atrevería a decir, interminable conocimiento del tema en cuestión. Sin embargo, mi esperanza es que en un futuro no muy lejano le sea posible realizar la idea de un volumen suplementario para depositar los ricos resultados de sus extensos estudios, que originalmente se pensó que formarían parte de la presente colección. Por la parte que ha tenido en la creación de esta, le pido que reciba mi más cálido agradecimiento.

Las fuentes de las fórmulas y recetas comunicadas han sido en parte la literatura impresa, en parte colecciones manuscritas más pequeñas de la época contemporánea y en parte antiguos 'Ciprianos' o 'Libros Negros' no impresos, como generalmente se han llamado estos productos entre la gente.

Dr. A. Chr. Bang

I. ODIN Y EL HUESO DEL CABALLO

Nº 1.
Contra la dislocación.
Nordfjord, 1862.

Jesús y San Miguel cabalgaban por caminos,
su caballo sufrió una dislocación en la pata izquierda
(o derecha).
San Miguel descendió,
puso hueso con hueso,
carne con carne,
piel con piel,
pelo con pelo.
En el nombre de Dios.
Padre Nuestro 3 veces.

Esta fórmula es un encantamiento o conjuro para aliviar la dislocación, invocando la protección y el poder curativo de figuras religiosas como Jesús y San Miguel.

Nº 2.
Para la dislocación.
Protocolo y Libro de Actas del Condado de Lister, 1667-68, Archivo Nacional.

Jesús y San Pedro cabalgaban por las montañas,
entonces el caballo cayó y torció su pie.
Entonces Jesús ató carne con carne y hueso con hueso.
En el nombre de Dios Padre, Dios Hijo y Dios Espíritu Santo. Amén.

Esta fórmula es también un encantamiento o conjuro, similar a la anterior, que invoca la protección y el poder curativo de figuras religiosas, en este caso Jesús y San Pedro, para aliviar o curar una lesión como una torcedura o hinchazón.

Nº 3.
Contra la dislocación.

Bo (Vesterålen), c. 1750.
Storelvedal, c. 1850.

Jesús y San Pedro cabalgaban sobre un puente y su caballo resbaló.
Jesús descendió. "Es una dislocación",
dijo Jesús, "dislocación en la dislocación
y articulación en articulación,
sangre con sangre".
Hoy N.N.* se recupera.
3 N. G. F. S.

La fórmula parece ser una especie de oración o mantra que se repite para el alivio de la hinchazón. Las abreviaturas "3 N." y "G. F. S." se refieren a la Santísima Trinidad: Dios el Padre, el Hijo y el Espíritu Santo en danés/noruego.

**N.N. es una forma de indicar que se puede poner el nombre de la persona a tratar. Esto confirma que las fórmulas pueden aplicarse tanto a animales como a personas.*

Nº 4.
Contra la dislocación.

Colecciones de Storaker, XIV, Biblioteca de la Universidad.
Ringerike, c. 1860.

Jesús y San Pedro cabalgaban sobre un prado, y el caballo de San Pedro sufrió una dislocación.
"Detente y baja",
dijo nuestro Señor Jesús,
"y pon hueso con hueso, así tendrás curación".

Nº 5.
Para la torcedura.

(Proporcionado por Lisbet Nypen y presentado durante el proceso en su contra en 1670. Impreso en las Colecciones de Evensen, Volumen II, Cuaderno 4, Página 35. Reimpreso en Theol. Tidsskrift, Volumen II, Libro X, 168).

Jesús y Balder cabalgaban sobre la desolada bruma,
el caballo de Balder resbaló y torció su pierna.
Jesús se bajó
y dijo al potro:
"Piel con piel, hueso con hueso".
Completamente curado como antes.

Balder (también conocido como Baldr o Baldur) es una figura importante en la mitología nórdica. Es descrito como un dios de la belleza, la inocencia, la paz y la reconciliación. Es hijo de Odín, el principal dios del panteón nórdico, y de Frigg, la diosa principal. La fórmula une de forma maravillosa figuras de la mitología nórdica con las cristianas.

Nº 6.
Contra una fractura

"Historia de las Misiones" de Hammond, Página 120, en Theol. Tidsskr. Volumen II, Libro X, 170, en la Mitología de Grimm y en Colecciones para la Historia y Topografía de Jutlandia Volumen IIII, 101, Nº 362, y por Thiele, Leyendas Populares Volumen III, 25 y en "Morgenbladet" 1874, 15 de marzo). Vee (Romsdal) alrededor de 1714.

–En Sal y Harina. –
Jesús cabalgó por un camino,
allí se torció la pata de su caballo.
Jesús desmontó y la curó:
Jesús puso médula en médula, Jesús puso hueso en hueso,
Jesús puso carne en carne, Jesús luego puso una hoja,
para que se mantuviera en su lugar.
En 3 Nombres, con Dios Padre, Hijo y Espíritu Santo. Amén.

Esta fórmula es otro encantamiento o conjuro, esta vez para la curación de fracturas, invocando nuevamente la intervención divina y curativa de Jesús. La referencia a "en sal y harina" podría sugerir una práctica de curación o un ritual acompañante. La acción de poner una hoja, forma parte de ese ritual de sanación.

Nº 7.
Contra la dislocación.
Stremse (Drammen).

Jesús cabalgó y sobre el ancho puente,
su caballo sufrió una dislocación en la articulación;
él descendió y tocó con sus 10 dedos de Dios.
En el nombre de Dios Padre, Dios Hijo y Dios Espíritu Santo. Amén.

Esta fórmula es otro encantamiento o conjuro para aliviar la hinchazón, invocando nuevamente el poder curativo de Jesús y haciendo referencia a sus "10 dedos de Dios" como medio de curación. La estructura y el contenido son consistentes con las fórmulas anteriores, combinando elementos religiosos con prácticas de curación tradicionales.

Nº 8.
Para dolores y fracturas.
Romedal Eker
C. 1770.

Lee el Padre Nuestro y luego estas palabras:
"Nuestro Señor Jesús cruzó el ancho puente y se fracturó. Él mismo puso articulación con articulación, carne con carne, piel con piel".
En el nombre del Padre, del Hijo y del Espíritu Santo. Finalmente, el Padre Nuestro.

Esta fórmula es un encantamiento o conjuro para aliviar dolores y tratar fracturas, invocando una vez más la intervención y el poder curativo de Jesús. La estructura del texto sugiere que la recitación del Padrenuestro se usa como parte del ritual de curación.

Nº 9.
Contra la dislocación.
Jeløen (Rygge), c. 1780.

Jesús cabalgó sobre el ancho puente,
entonces su caballo se torció su pie.
Jesús descendió, miró,
puso en su articulación lo que antes estaba dislocado. Puso hueso con hueso,
articulación con articulación, tendones con tendones, cartílago con cartílago,
sangre con sangre y así obtuvo la cura.

Esta fórmula es otro conjuro para tratar una dislocación, nuevamente invocando a Jesús y su poder curativo. El texto detalla un proceso de curación que implica realinear y curar diferentes partes del cuerpo afectadas.

Nº 10.
Contra la dislocación.
Jeløen (Rygge), c. 1780.

Jesús cabalgó sobre el empinado puente,
entonces se dislocó la pierna de su corcel negro.
Jesús descendió, se acercó y reparó diciendo:
"¡Hinchazón fuera del hueso, hueso en la articulación!"
Y eso en 3 Nombres: F. S. H. a. 3 F.v. A.

Esta fórmula es otro conjuro destinado a tratar una dislocación, haciendo referencia una vez más a Jesús y su poder de curación. La mención de "3 Nombres: F. S. H. a. 3 F.v. A." probablemente se refiere a una invocación trinitaria, abreviando "Fader, Søn, Helligånd" (Padre, Hijo, Espíritu Santo).

Nº 11.
Contra la dislocación.
Jeløen (Rygge), c. 1780.

Jesús viajó sobre el ancho puente, su potro resbaló
y sus piernas se hincharon.
Jesús descendió y lo sanó diciendo:
"contra la dislocación de las piernas, la dislocación de los brazos, la dislocación y el dolor,
la dislocación y la hinchazón
y todas las hinchazones que vuelan y se mueven
entre el Cielo y la Tierra".
Y eso en N. F. S. H.

Este texto es otra fórmula mágica para tratar diferentes tipos de hinchazón, invocando a Jesús y su poder curativo. La referencia a "N. F. S. H." probablemente significa "Nombre del Padre, del Hijo, y del Espíritu Santo".

Nº 12.
Para el "Bov-Skren" (Torcedura).
Jeløen (Rygge), c. 1780.

Jesús descendió del monte cabalgando,
y su caballo se torció la pata.
Jesús descendió entonces
y puso sus 3 dedos sobre el lugar y dijo:
"Sano totalmente.
¡La torcedura se va en el mismo instante!"
Dios escucha mis palabras en el Nombre del F. S. H.
Se puede aplicar esta fórmula en humanos.

Este texto es otro conjuro o encantamiento, en este caso para tratar la torcedura en animales, posiblemente referenciando una lesión en las patas. Jesús se presenta como el sanador, y la fórmula sugiere que puede adaptarse para diferentes sujetos, incluidos humanos, cambiando simplemente el nombre (cambia "caballo" por el nombre de la persona).

Nº 13.
Contra la dislocación.
Hadeland, 1789.

Nuestro Señor Jesús cabalgó a través de un prado,
donde su caballo sufrió una dislocación y dolor.
Nuestro Señor Jesús descendió y corrigió la articulación
y puso articulación con articulación.
Hago lo mismo con mi dislocación y el dolor
y eso en el nombre de Dios Padre, Dios Hijo y Dios Espíritu Santo. Amén.

Este encantamiento o conjuro está diseñado para tratar la hinchazón y el dolor, invocando de nuevo a Jesús como el sanador. La fórmula implica una acción simbólica de reajustar una articulación y se enmarca dentro de una invocación trinitaria.

Nº 14.
Contra la dislocación.
Jeløen (Rygge), c. 1800.

Jesús cabalgó por el camino
y se hinchó el pie de su caballo.
Jesús descendió,
colocó articulación con articulación,
como estaba antes de la dislocación.
En tres nombres, Dios Padre, Hijo y Espíritu Santo.

Nº 15.
Contra las fracturas.
Aal (Hallingdal), c. 1800.

Jesús cabalgó sobre el empinado puente
y se rompió la pierna del corcel negro.
Jesús descendió, se acercó y sanó,
colocó tendones con tendones,
hueso con hueso
y articulación con articulación.
En el nombre de Dios Padre, Hijo y Espíritu Santo. Amén.
3 veces Padre Nuestro.

Nº 16.
Para leer contra la dislocación.
Eker Fron (Gbdl.), c. 1800.

Jesús cabalgaba por un camino;
allí sufrió su caballo una dislocación en su pie.
Entonces descendió
y frotó la hinchazón con su energía.

Este encantamiento o conjuro parece invocar a Jesús para aliviar una hinchazón, utilizando algún tipo de gesto simbólico o misterioso representado por la palabra "Langstraale" que he interpretado como su propia energía sanadora.

Nº 17.
Contra dolores.
Registrado e impreso por Aarflot en Norsk Landboblad en 1811, Página 95.
Reimpreso en Theol. Tidsskrift Volumen II, Libro X, 169.

Cristo cabalgaba sobre el páramo y se rompió el pie de su caballo;
llegó caminando la Virgen María para sanar al caballo,
lo liberó del dolor de sangre y del dolor óseo
y otros dolores. La palabra de Dios y Amén.

Esta fórmula para aliviar dolores invoca a la Virgen María en un acto de curación mágica/milagrosa.

Nº 18.
Contra la dislocación.
Urskog, 1855.

Nuestro Señor Jesús cabalgaba a través del valle;
allí su potro sufrió una dislocación.
Entonces descendió,
puso en su lugar la articulación,
músculo contra músculo, piel contra piel, sangre contra sangre:
de inmediato su potro se recuperó.
En los 3 nombres.

Esta fórmula es otro encantamiento o conjuro para tratar la hinchazón, una vez más invocando a Jesús como agente curativo. De nuevo la mención de "En los 3 nombres" se refiere a la Santísima Trinidad en el cristianismo: el Padre, el Hijo y el Espíritu Santo.

Nº 19.
Contra la dislocación.
Gudbrandsdal, c. 1830.

Nuestro Señor Jesús cruzó el ancho puente;
allí su caballo sufrió una dislocación.
Cristo entonces descendió, y lo sanó,
puso carne en carne, hueso en hueso,
sangre en sangre, tendón en tendón,
y curación en ese mismo instante.
En el nombre de Dios.

Nº 20.
Contra la dislocación.
Skaabu (Fron, Gudbrandsdalen), c. 1830.

Jesús montaba su caballo sobre un puente,
entonces se hinchó el pie del caballo.
Jesús desmontó,
colocó carne contra carne y hueso contra hueso,
y la articulación debe estar como antes estaba sin hinchazón.
Y eso en Nombre del Padre, del Hijo y del Espíritu Santo.

Nº 21.

Para el dolor.

Según las Colecciones de Storaker, XIV, Biblioteca de la Universidad.
Lom, c. 1860.

Jesús cabalgó sobre el ancho puente,
el caballo tuvo dolor en la pata.
Jesús entonces descendió y dijo:
"Yo mismo te sanaré:
Fuera el dolor de médula y hueso, ¡dentro de la roca y piedra!"
Tres palabras de Dios. Amén.

Es un ejemplo clásico de magia de transferencia: transferir algo a la naturaleza, en este caso el dolor.

Nº 22.

Para Bendecir una dislocación.

Según las notas de Jørgen Moe de Sætersdalen; anteriormente impreso en Theol. Tidsskrift, Volumen II, Libro X, 170.
Valle (Sætersdal), 1847.

Nuestro Señor cabalgó por la brecha de Rønning,
el pie del caballo se deslizó fuera de la articulación,
se resbaló y volvió a resbalar, el pie del caballo se volvió a dislocar.
¡Que Dios conceda ahora que este pie se cure!

Esta fórmula tiene un tono más poético y hace referencia a un acto milagroso de curación. La repetición de "resbaló y volvió a resbalar" es una enfatización de lo grave de la lesión.

Nº 23.

Dislocación.

Registrado del habla popular por Moltke Moe.
Be (Telemarken), 1880.

Jesús cabalgó sobre el puente de Raadal y su caballo se torció el pie.
Jesús se inclinó y lo curó diciendo:
"Una dislocación afecta a dos huesos. ¡Detén la dislocación!"
Tres nombres, Dios Padre, Hijo y Espíritu Santo.

Nº 24.
Para prevenir dolores y dislocaciones.
Eker
c. 1800 y c. 1850.

Jesús y San Pedro caminaron por la montaña;
había peligro de sufrir lesiones en las piernas por las piedras y el agua.
Jesús dijo:
"No sufras rotura por piedra en la pierna, ni en la mano ni en el pie.
El mal debe ir a ese agua,
donde no llegan hombres ni animales; allí debes estar,
en piedra y en palo, sin dañar a nadie".
I. N. F. S. H.

Se sugiere un ritual de prevención en un lugar remoto y peligroso. Estamos ante un conjuro de protección mágica ante peligros.

Nº 25.
Contra la dislocación.
Hemsedal, c. 1890.

Jesús estaba realizando un conjuro contra la dislocación:
"Desde los huesos hasta la carne, desde la carne hasta la piel,
y en el aire y el viento, sin daño para ningún hombre ni impedimento para ninguno".
En los 3 nombres. G. F. S. H.

Esta fórmula mágica utiliza de nuevo la transferencia de un mal desde una persona hacia el exterior y hacia donde no pueda hacer ningún daño a nadie.

Nº 26.
Contra la dislocación.
Kvikne (Fron, Gudbrandsdalen), 1880.

Jesús cabalgó sobre un puente
y entonces su caballo sufrió una dislocación.
Sanó la dislocación diciendo:
"¡Hinchazón, hinchazón! fuera de la articulación
y de vuelta al árbol".
En el Nombre de G. F. S. H. y 3 veces el Padre Nuestro.

Otro ejemplo de magia de transferencia para la sanación utilizando un decreto para ello.

Nº 27.
Vikkel-raa (Técnica de Curación).
Registrado del habla popular por Johs. Skar. Øier.

Había una vieja en la ladera.
Ella conocía las palabras para detener el dolor.
Jesús cabalgó sobre el río Jordán, entonces tropezó.
En los Nombres de G. F., G. S., y Gd. H.

Desgraciadamente esta fórmula está incompleta o corrupta lo que hace que no pueda entenderse. Parece ser una referencia a una vieja curandera que sabe palabras mágicas para tratar la hinchazón, con una mención a Jesús cabalgando y tropezando, posiblemente como parte de un conjuro.

Nº 28.
Para fracturas.
Según Aarflot, Landboblad para 1811, P. 94.
Søndmøre, 1811.

Viajé sobre el desfiladero,
se me rompió el hueso, se fracturó. Y Dios curó,
¡y Dios cure a todos nosotros!

Nº 29.
Contra la dislocación.
Para leer contra la dislocación.
Fron (Gudbrandsdalen) Storelvedal, c. 1830.

Jesús, el Hijo de Dios, se fue al prado verde,
recogió una hoja para curar la dislocación
y la puso sobre su rodilla y dijo:
"¡Hinchazón, fuera de la articulación y dentro del árbol!".
En los 3 nombres F. S. H. espíritu. Amén.

Magia de transferencia, en este caso a un árbol. La diferencia es que se realiza un ritual aplicando una parte del árbol (la hoja) a la parte dañada.

Nº 30.
Ritual contra la dislocación.
Colecciones de Storaker, XIV, Biblioteca de la Universidad.
Vestlandet 1860-1870. Eker, c. 1830.

Se ata un hilo de lana sobre el pie torcido,
se escupe tres veces sobre el nudo, mientras se dice en voz baja:
"Cristo caminaba por las colinas, donde torció su pie,
Él absorbió mi dolor, quería ser bueno con nosotros".

Se describe un ritual específico que incluye atar un hilo y escupir, acompañado de palabras con contenido mágico para aliviar la hinchazón.

Nº 31.
Ritual para eliminar una dislocación.
Huus en "Kvinden"; reproducido en Haukenæs, Hardanger VII, 365. 1890.

Se busca una casa en la que 3 puertas vayan en la misma dirección.
Luego se toma una paja con 3 articulaciones.
En un extremo de esta paja, la persona enferma sostiene, y en el otro extremo, la persona asistente (quién realiza el ritual), con un hacha en la mano y en cada umbral corta una articulación de la paja diciendo:

"Fuera de la articulación y dentro del árbol
en el nombre del Padre, del Hijo y del Espíritu Santo".

Ritual para sanar una dislocación o un dolor de las articulaciones. De nuevo magia de transferencia del mal a un árbol en este caso utilizando una paja con articulaciones a semejanza del cuerpo humano y "cortar" el dolor y la dislocación.

Nº 32.
Ritual contra la dislocación o dolor.

Colecciones de Storaker, XIV, Biblioteca de la Universidad.
Aasnes, c. 1860.

Para tratar una dislocación se talla una cruz en el umbral de la puerta,
mientras la extremidad hinchada reposa sobre la entrada de la puerta.
Hay que decir:
"Tallo contra la hinchazón,
fuera de la articulación y en el árbol".

Este texto describe otro ritual de curación, donde se combina un acto físico (tallar una cruz en el umbral de una puerta) con palabras de contenido mágico para lograr la transferencia del dolor al árbol.

Nº 33.
Ritual para la dislocación.

Registrado del habla popular por Moltke Moe.
Be (Telemarken), 1883.

Para tratar la hinchazón se necesitan dos personas.
La extremidad afectada del enfermo que necesita curación
se coloca sobre el bloque de cortar.
Uno golpea con el hacha y talla una marca en el bloque
a cada lado de la extremidad.
"¿Por qué cortas así?" pregunta el otro.
"Corto la hinchazón fuera de la articulación
y fuera de N.N.". (N.N. es el nombre de la persona a tratar)
Entonces, el que corta escupe una vez a cada lado de la pierna
donde se ha cortado.

Este texto describe un ritual para tratar la hinchazón que implica actos simbólicos, como cortar en un bloque cerca de la extremidad afectada y escupir en el lugar del corte. Magia ritual por empática o simpática.

Nº 34.

Ritual para la dislocación en la rodilla.

Flå (Hallingdal), 1889.

Escritos de la Sociedad de Ciencias. H.-F. Kl. 1901. Nº 1.

Se toma una varita fresca de avellano,
se coloca contra la rodilla enferma
y luego se golpea la varita mientras otra persona pregunta:
"¿Por qué golpeas?" Se responde:
"Yo golpeo la hinchazón
fuera de la articulación
y el dolor fuera de la rodilla".
En los 3 Nombres, Padre, Hijo y Espíritu Santo.
Se repite 3 veces.

Este texto describe otro ritual de curación para tratar la hinchazón en la rodilla (de una persona o un animal), utilizando un acto de golpear una varita colocada sobre la rodilla afectada. La práctica se realiza tres veces e incluye una fórmula verbal para acompañar la acción.

II. CONJUROS

Nº 35.
Conjuro contra el Kversil.
Urskog, 1815.

Yo conjuro al Kversil
fuera del noble corcel,
fuera del hueso y en la carne,
fuera de la carne y en la piel,
fuera de la piel y en el tormento del Infierno.
Ese Kversil no debe causar
ningún daño al noble corcel.
En los 3 Nombres...

Este texto parece ser un conjuro o fórmula mágica destinada a tratar una afección o enfermedad en los caballos, conocida como "Kversil". La fórmula describe un proceso de expulsión simbólica de la enfermedad del cuerpo del animal, culminando en su transferencia al "tormento del Infierno". La mención de "3 Nombres" se refiere a una invocación de la Trinidad en el cristianismo.

Nº 36.
Conjuro contra la brujería en una persona.
Ringerike, 1885.

Yo conjuro al espíritu maligno y al duende rojo.
En el nombre de Jesucristo, fuera de médula y fuera de hueso,
fuera de carne y fuera de sangre,
fuera de carne y fuera de piel. Yo te conjuro que marches a la montaña azul,
donde ni el Sol ni la Luna te iluminarán.
En los 3 Nombres: G. F., S. y H.

En este texto encontramos un conjuro para expulsar los espíritus malignos que poseen a una persona y mandarlos a un lugar remoto y solitario.

Nº 37.

Conjuro para calmar el dolor.

Registrado del habla popular por Jørg. Moe
Valle (Sætersdal), 1847.

¿Tienes dolor en el pie, amigo mío?
Yo conjuraré el dolor:
Fuera del hueso en la carne,
fuera de la carne en la piel,
fuera de la piel en piedra y madera
para que no cause daño (a N.N.).
Padre Nuestro.

Es un encantamiento mágico de transmisión para calmar el dolor, describiendo un proceso simbólico de trasladar el dolor del cuerpo a elementos de la naturaleza. Permite decir el nombre de la persona afectada (N.N.).

Nº 38.

Conjuro para aliviar el dolor por la dislocación.

Storelvdal, c. 1830.

Yo conjuro a ti, dolor y dislocación, pinchazo y ardor,
te conjuro fuera de médula y hueso, de carne y sangre,
de espina y tendones,
de cada extremidad.
Yo te conjuro en el aire y el viento, en madera y piedra
y a ningún hombre dañar.
3 Nombres: G. F., S. y Espíritu Santo.

Este texto es un conjuro destinado a aliviar el dolor producido por la dislocación, utilizando un proceso de expulsión y transferencia de la dolencia fuera del cuerpo y hacia elementos de la naturaleza. La invocación final en "3 Nombres: G. F., S. y Espíritu Santo" evidencia una base en creencias religiosas cristianas.

Nº 39.
Conjuro para la sarna y para la tiña.
Vestre Slidre, c. 1780.

Yo conjuro la sarna y la tiña fuera de la médula y en el hueso, conjuro la sarna y la tiña fuera del hueso y en la carne, Yo conjuro la sarna y la tiña fuera de la carne y en la sangre,

Yo conjuro la sarna y la tiña fuera de la sangre y en un grano de cebada, Yo conjuro la sarna y la tiña fuera de ese grano de cebada y en un grano de avena, Yo conjuro la sarna y la tiña fuera de ese grano de avena en una madera, Yo conjuro la sarna y la tiña fuera de esa madera en una piedra, Yo conjuro la sarna y la tiña fuera de esa piedra en un grano de arena, Yo conjuro la sarna y la tiña fuera de ese grano de arena en la nada.

Se aplica un poco de alquitrán crudo y viejo sebo, y dáselo primero del alquitrán y luego úntalo con el sebo y de su propia sarna. Así desaparecerá.

Este texto es un conjuro o fórmula para tratar afecciones de la piel como la sarna y la tiña. Describe un proceso de transferencia de la enfermedad a varios elementos, culminando en "la nada" para su eliminación. Además, menciona un remedio práctico utilizando alquitrán y sebo. Magia de transferencia y eliminación.

Nº 40.
Conjuro para cálculos en el ojo.
Ullensaker, c. 1880.

Toma lo negro sobre lo azul, toma lo azul sobre lo blanco,
toma lo blanco sobre una piedra fija en la tierra.
En el nombre de Thor, Odin y Frigg*.
Se lee sobre una cuchara de agua 3 veces y se echa en el ojo.
*Thor, Odin y Frigg son figuras de la mitología nórdica.

Este texto describe un ritual para tratar cálculos en el ojo, una afección también conocida como "piedras en el ojo". La fórmula implica recitar palabras sobre una cuchara de agua y luego aplicar esa agua al ojo afectado. La invocación de Thor, Odin y Frigga refleja la influencia de las creencias nórdicas en la práctica de curación.

Nº 41.
Conjuro contra la fiebre de cama.*
Urskog, 1815.

¡Fuera, la fiebre
y dentro, el frescor!
En los 3 nombres.

** Probablemente se refiere a la fiebre asociada con estar en cama o una enfermedad prolongada.*

Esta fórmula parece ser un conjuro o encantamiento para tratar la fiebre, especialmente aquella asociada con enfermedades que requieren reposo en cama. La frase "¡Fuera, la fiebre, y dentro, el frescor!" sugiere un deseo de expulsar la fiebre y traer alivio o frescura al paciente. La mención de "los 3 nombres" se refiere a una invocación de la Trinidad en el cristianismo.

Nº 42.
Conjuro contra Enanos.*
a.

(Notas de Willes de Telemarken, por el Dr. L. Daae, Hist. Tidsskr. Volumen III, Libro II, 182. Seljord, 1786.

¡Fuera enano, de la puerta!
¡Entra grano y ganado!
No recibirás más de mi comida ni la corteza del pan.

Canto del Enano.*
b.

(Registrado del habla popular por Jørg. Moe).
Valle (Sætersdal), 1847.

El segundo día de Navidad, todos, grandes y pequeños, se armaron con varas y palos y golpearon debajo de bancos, camas y armarios, gritando:
¡Fuera enano, de debajo de la colcha, entra grano y ganado!

**En el contexto del folclore y la mitología escandinava, los "enanos" se refieren a seres mitológicos que son diferentes de la interpretación moderna de un enano. En la mitología nórdica, los enanos son criaturas místicas a menudo asociadas con habilidades en la metalurgia y la artesanía, y a veces con poderes mágicos. Estos seres son distintos de los humanos y a menudo se les atribuyen características y habilidades sobrenaturales. Por lo tanto, aunque "Dværge" (en danés original) se traduce como "enanos", en este contexto se refiere a estas criaturas mitológicas específicas de la tradición escandinava, y no a personas con enanismo.*

Estos textos son conjuros o encantamientos dirigidos contra enanos, seres del folclore escandinavo. El primero (a) es un conjuro para alejar a los enanos de la casa y proteger la comida y el ganado. El segundo (b) describe una tradición navideña donde se intenta expulsar a los enanos de la casa para asegurar la prosperidad en el grano y el ganado. Ambos reflejan la creencia en seres sobrenaturales y la práctica de rituales para influir en la suerte y el bienestar.

Nº 43.
Conjuro para maldecir un fusil.
Storelvdal, c. 1830.

Cuando escuches un disparo debes decir estas palabras al mismo tiempo:

¡Fuera de las balas la pólvora
y dentro Diabolus (el Diablo)!

Este texto parece ser un conjuro o encantamiento destinado a maldecir o inutilizar un fusil. La fórmula implica decir ciertas palabras en el momento en que se escucha un disparo, con la intención de expulsar las balas y la pólvora y, simbólicamente, invitar al Diablo en su lugar. Con ello se pretende que al disparar, el que realice el disparo, sea afectado por las energías del Diablo. Este conjuro refleja el uso de encantamientos en prácticas de creencias populares para influir en objetos o eventos.

Nº 44.
Conjuro para neutralizar un rifle.
1790.

Cuando escuches el disparo de un cazador o de cualquier otro rifle
—no importa si lo ves o no, siempre que oigas el estallido—
di estas palabras rápidamente:
"¡Fuera el estallido
y dentro 15 demonios!"
En el nombre de la Trinidad.
Y esto debe decirse tan pronto como se oye el disparo. Así, no acertará nada de lo que dispare después de ese momento.

Con este conjuro se pretende maldecir un arma para que no sea efectiva. Curiosamente, más adelante, encontraremos conjuros justo para desencantar armas de fuego. Esto demuestra lo generalizado de las creencias mágicas siendo utilizadas muchas veces en dos lados enfrentados.

Nº 45.
Cuando alguien comienza a discutir contigo.
Be (Vesteraal), c. 1750.

Entonces di estas palabras:
Hay discusión entre Adán y Eva,
entre Abraham y Sara,
entre N. N. y N.N. (tu nombre).
Ve luego a la puerta y golpea con tu pie en la madera o en el umbral de la puerta, y di:
¡Fuera Judas!
¡Dentro Jesús!
En el nombre del Padre, del Hijo y del Espíritu Santo. Amén.

Este texto describe un conjuro o encantamiento para usar durante una discusión o conflicto. Implica recitar palabras específicas y realizar una acción simbólica de golpear el umbral de una puerta, invocando a Jesús y expulsando a Judas, simbolizando posiblemente la expulsión de la traición o el conflicto y la invocación de la paz o la reconciliación.

Nº 46.
Conjuro contra el calambre.

Registrado del habla popular por A. Heyerdahl. Página 163.
Urskog, 1882.

¡Calambre, calambre, vete a la madera y la piedra
y nunca más a mis huesos!
Escupe entonces en tu mano y aplícalo en la pierna que tiene calambre.

Este texto describe un encantamiento o conjuro para tratar un tipo de dolencia o calambre, conocido como "Synu-Træk" (del texto en danés original). La fórmula implica pronunciar palabras específicas y realizar una acción simbólica de escupir en la mano y luego aplicarla a la zona afectada. Este tipo de prácticas refleja una combinación de palabras y acciones simbólicas en las tradiciones de curación popular.

Este conjuro (como la mayoría) es perfectamente aplicable a cualquier mal o dolor cambiando la palabra "calambre" por lo que quieres eliminar.

Nº 47.
Contra el robo de energía.

Según Lørdags-Aftenblad 1865, Página 50.
Sohr, 1865.

Roba a tu propio marido,
no robes a mi vaca.
Tu madre y tu padre serán enviados al tormento del infierno.
Luego haz una cruz sobre el campo con plena determinación.

Este texto describe un conjuro o fórmula para contrarrestar el robo de fuerza o energía, una creencia que se refiere a drenar o robar la fuerza vital de un ser, en este caso, una vaca. La fórmula implica una reprimenda simbólica y la acción de hacer una cruz sobre un campo (en la tierra), posiblemente como un acto de protección o para revertir el daño.

Nº 48.
Para confundir al espíritu malicioso.
a.
Fron (Gudbrandsdalen), c. 1830.

¡Oye tú!,
¡hombre en el arbusto en llamas
con tu capa amarilla!
Toma tu arco,
toma tu flecha,
clávala en corteza y árbol,
¡pero no en carne y sangre!

Confundir al espíritu malicioso.
b.
(Según K. Registrado del habla popular).
Kvikne (Fron, Gudbrandsdalen), 1880.

Buen día, hombre con tu capa variopinta.
Debes clavar tu aguijón en el aire y el viento,
pero no en carne y sangre.

Estos textos describen encantamientos o conjuros destinados a confundir o neutralizar a un espíritu o ser sobrenatural, dirigiéndolo a actuar en elementos de la naturaleza en lugar de en seres vivos. La repetición de "pero no en carne y sangre" subraya la intención de evitar daño a personas o animales.

Confundir al espíritu malicioso.
c.
Gausdal, 1880.

¡Escucha tú!, hombre con tu capa amarilla y verde.
No claves tu aguijón en carne y sangre, sino ¡clava tu aguijón
en corteza y árbol!
En el Nombre de G. F., S. y H.

Este texto es otro encantamiento o conjuro que se dirige a un ser o espíritu, tal vez un espíritu de la naturaleza, instándolo a evitar hacer daño a seres vivos y en lugar de eso, dirigir su influencia hacia los elementos naturales como la corteza y el árbol. La invocación final "En el Nombre de G. F., S. y H." se refiere a "En el nombre de Dios Padre, Hijo y Espíritu Santo".

Para que las avispas no piquen.
d.

(Según Lørdags-Aftenblad 1865, Página 50).
Soler, 1865.

Tú, hombre amarillo,
quédate en tu casa con tu túnica marrón; muerde en corteza y alquitrán,
no en carne y sangre.
¡El diablo te corte!

Este texto es un conjuro o encantamiento destinado a prevenir las picaduras de avispas. Se dirige a la avispa como un "hombre amarillo" y la insta a morder o picar elementos inanimados como la corteza y el alquitrán en lugar de personas. La mención del diablo al final sugiere una amenaza o advertencia contra causar daño a seres humanos.

Nº 49.
Conjuro para atacar a personas o animales.

Eker, c. 1800.

¡Clava en carne y sangre, pero no en corteza y árbol!
En el nombre de N. F., S. y H. espíritu.

Este texto parece ser un conjuro o encantamiento que se dirige a una entidad o fuerza. A diferencia de otros conjuros mencionados anteriormente, este instruye específicamente a clavar o actuar en "carne y sangre" y no en elementos naturales como "corteza y árbol". La invocación "En el nombre de N. F., S. y H. espíritu" se refiere probablemente a "En el nombre del Padre, del Hijo y del Espíritu Santo".

Nº 50.
Contra un "Langtrold" que ha entrado en la casa.

(posiblemente se refiera a una mala energía).
Aal (Hallingdal), c. 1896.

El follaje en el valle profundo es espeso.
Si estás aquí dentro, padre serpiente, hermana serpiente,
hermano serpiente,
debes escupir,
debes estallar,
debes escupir con un soplo de aliento.
Debes escupir,
debes estallar,
antes de que se ponga el sol de la tarde.
Se lee 3 veces y se sopla 3 veces; pero debe hacerse, "antes de que el sol de la tarde se haya puesto".

Este texto es un conjuro o encantamiento destinado a proteger una casa de un ser o espíritu llamado "Langtrold". El encantamiento invoca a serpientes místicas, posiblemente como representaciones del espíritu, y las insta a abandonar la casa. La repetición de las acciones (leer y soplar tres veces) y la urgencia de completar el ritual antes de la puesta del sol sugieren que hay un momento específico en que el conjuro es más efectivo.

Nº 51.
Conjuro contra trolls.

Urskog, 1815.

¡Sr. Lobo, Sr. Lobo, Sr. Lobo! Si estás aquí dentro,
entonces debes salir,
ir al norte a Klubenmo
y enderezar todos los árboles torcidos y torcer todos los árboles rectos, y
montar a todas las mujeres de los sacerdotes
y desgastar las varas,
que Jezabel azotó a sus perros el Viernes Santo.
En los 3 Nombres.

Este texto parece ser un conjuro o encantamiento que invoca al "Sr. Lobo", posiblemente un ser o espíritu, para que realice tareas extrañas y difíciles, como enderezar y torcer árboles, y otras acciones mencionadas. La referencia a Jezabel y el Viernes Santo introduce elementos bíblicos y religiosos. La invocación final "En los 3 Nombres" probablemente se refiere a la Trinidad en el cristianismo. Este tipo de conjuro podría estar destinado a alejar espíritus o entidades no deseadas.

Nº 52.
Conjuro contra picadas de avispas.

(Registrado del habla popular por Moltke Moe).
Be (Telemark), 1878.

Avispa, avispa, si me vas a picar, te ataré,
En tres Nombres: Dios Padre, etc.
Para liberar la avispa nuevamente:
¡Vete al infierno!

Nº 53.
Para que vuelva una serpiente.

Registrado del habla popular.
Kvikne (Fron, Gudbrandsdalen), 1880.

Cuando quieras que una serpiente que ha huido de ti regrese,
debes decir, para que ella lo oiga:
Serás un ladrón y un sinvergüenza si no estás aquí cuando regrese.

Otro método.

Cuando la serpiente haya huido, debes tomar un palo
y dibujar un círculo en el suelo
y colocar el palo en medio del círculo,
mencionar la hora en que quieres que regrese
y decir las mismas palabras que en la primera.

Estos textos son conjuros o encantamientos que reflejan las creencias y prácticas populares. El Nº 52 es una oración para protegerse de las picaduras de avispas, y el Nº 53 describe métodos para convocar a una serpiente que se ha alejado.

Nº 54.

Contra serpientes.

Según Folkevennen. XI, 459.
Condado de Lister y Mandal, 1862.
Cuando se ve una culebra, se dice:
Culebra, culebra,
protégeme de la víbora venenosa,
y te daré ropa de lana para el invierno.
Al mismo tiempo, se arranca un poco de tela de la propia ropa y se coloca sobre la culebra.

Este texto describe un encantamiento o conjuro para protegerse de las serpientes venenosas. Al ver una culebra, que generalmente no es venenosa, se le habla y se le ofrece ropa de lana a cambio de protección contra las víboras, que son venenosas. El acto de poner un pedazo de tela en la culebra simboliza la promesa. Este tipo de prácticas refleja la interacción con la naturaleza, común en las creencias y tradiciones populares.

Nº 55.

Conjuro contra el miedo.

Vestre Slidre, c. 1780.
Cruz en nombre de Dios Padre,
Cruz en nombre de Dios Hijo,
Cruz en nombre de Dios Espíritu Santo,
te exhorto a ti, miedo Interno y miedo externo,
te conjuro a ti lanzamiento del Diablo o un espíritu maligno del Diablo.
Te conjuro a ti miedo al Agua,
te conjuro a ti miedo al Pasto,
te conjuro a ti miedo a la Tierra,
te conjuro a ti miedo a los Hombres,
te conjuro a ti miedo a las Mujeres.
Te conjuro a salir de mi caballo ahora por la mano de Rubén,
ahora por la atadura de San Juan hacia abajo y al norte al abismo del infierno.
Amén. Amén. Amén.

Este texto es un conjuro o encantamiento para exorcizar varios tipos de miedos o temores, tanto físicos como espirituales, y también para expulsarlo de un caballo. La fórmula utiliza una serie de invocaciones religiosas y simbolismo para expulsar estos miedos, terminando con una mención del abismo del infierno.

Nº 56.

Conjuro contra la vergüenza.

Norske Samlinger I, 254.
Bergen, 1594.

¡Vuela lejos, vergüenza, tú, vil vergüenza!
Dios nos libre de vicios y vergüenza.
En tres Nombres,
Dios Padre, Hijo y Espíritu Santo. Amén.

Nº 57.

Conjuro contra un troll

Moland (Telemark), c. 1800.

En el nombre de Jesús.
Jupvin y Jup o Julp,
Madre de Elvan y Hermano de Elvan. Tú, Troll,
que estás aquí dentro,
debes salir,
y debes volar,
debes explotar
como si el corazón del Diablo fuera a estallar.
En los 3 Nombres: Gf. S. y H.

Parece ser un conjuro para exorcizar un troll o un espíritu maligno que ha poseído a una persona. Ambos utilizan invocaciones religiosas y nombres específicos propios del folclore o tradición local, indicando la influencia de las creencias cristianas.

Nº 58.

Conjuro contra los sabañones.

Impreso en la Descripción de Urskog de Heyerdahl, Página 171.
Urskog, 1815.

¡Tú, Invierno, tú, Invierno, tú, Invierno! Te conjuro sobre la nieve y el hielo
y el más alto Gultor.
En los 3 Nombres: F., S. y H.

Este texto es un conjuro o encantamiento para protegerse de los efectos del invierno, especialmente de la escarcha. El conjuro invoca al invierno y lo dirige a actuar sobre elementos naturales como la nieve y el hielo, posiblemente para mitigar su impacto. La mención de "el más alto Gultor" podría referirse a un lugar específico o un concepto metafórico dentro de la tradición folclórica. La invocación final en los 3 Nombres: F., S. y H. evidencia una base en creencias religiosas cristianas.

Nº 59.
Contra una posesión.
Urskog, 1815.

Señor Lobo, Señor Lobo, Señor Lobo,
astuto como un perro,
debes vomitar y escupir y salir de esta criatura.

Este texto es un conjuro o encantamiento que parece estar dirigido a un lobo que se asocia con fuerzas sobrenaturales o mágicas. El lobo es instado a purgarse ("vomitar y escupir") y cesar en la influencia o posesión sobrenatural a la criatura o persona afectada. La descripción del lobo como "astuto como un perro" sugiere características engañosas o peligrosas asociadas con este ser. Es algún tipo de exorcismo.

Nº 60.
Conjuro contra la agonía.
Urskog, 1815.

¡Tú, Agonía, tú, Agonía, tú, Agonía!
Te conjuro desde la garganta y en el bosque
y abajo del bosque y en el fuego,
fuera del fuego y al final en los abismos del Infierno.
En los 3 nombres: F., S. y H.

Este texto es un conjuro o encantamiento que parece estar diseñado para exorcizar o liberar la agonía o sufrimiento de una persona. La fórmula describe un proceso de mover simbólicamente la agonía a través de varios elementos (bosque, fuego) y finalmente al infierno. La invocación final "En los 3 Nombres: F., S. y H." se refiere de nuevo a la influencia cristiana "Padre, hijo y Espíritu Santo".

Nº 61.
Conjuro para el "Kvast".*

(Según Lørdags-Aftenblad 1865, Página 50).

Soler, 1865.

Yo empujo la aguja,
yo empujo el acero,
yo empujo todo el "Kvast"
que vuela entre el Cielo y la Tierra.

"Kvast" podría referirse a una dolencia, malestar o posiblemente a un tipo de energía o entidad negativa.

Este texto parece ser un conjuro o encantamiento para expulsar o "empujar" una dolencia o energía negativa denominada "Kvast". El uso de "aguja" y "acero" en el conjuro sugiere una acción simbólica de alejar o repeler.

Nº 62.
Contra los bultos.

Ringerike, 1885.

Se debe agarrar el bulto con los dedos, desde todos los lados, y decir 3 veces:
¡Bulto debes disminuir en tamaño,
como hombre en la tierra!
En los 3 Nombres.

Este texto parece ser un conjuro o encantamiento dirigido a rebajar el tamaño de un bulto, callo o verruga. La referencia a "como hombre en la tierra" puede ser una metáfora para el proceso natural de disminución o descomposición. "En los 3 Nombres" se hace referencia a la invocación de la Santísima Trinidad en el cristianismo.

Nº 63.

Contra el absceso de pecho.

Registrado en 1890 según el dictado de la Sra. Githa Anker, quien había escuchado la fórmula en Nannestad varios años antes.

Nannestad, 1890.

Hay un león en mi pecho, debe enfriarse, debe desvanecerse
antes de la puesta del sol
(o: antes de la salida del sol)*

**La alternativa de "antes de la salida del sol" sugiere que el conjuro o encantamiento puede ser realizado en dos momentos diferentes del día para su efectividad.*

Este texto es un conjuro o encantamiento para tratar un absceso o una inflamación en el pecho, comparando la dolencia con un "león" que debe ser calmado o reducido. La referencia a la puesta o salida del sol sugiere un límite de tiempo para la efectividad del conjuro.

Nº 64.

Conjuro contra hechizos, trolls y envidia.

Nordfjord, 1862.

Aquí dentro hay maleficio, especialmente hechizo;
pero debe salir hoy.
En el Nombre, etc.*
Padre Nuestro 3 veces.

** El etc. se refiere a una fórmula ya establecida como puede ser "En el nombre del Padre, del Hijo y del Espíritu Santo".*

Este texto es un conjuro o encantamiento destinado a expulsar el maleficio o la mala influencia, especialmente los hechizos, de un lugar o una persona.

Nº 65.
Contra sabañones.
Storelvedal, c. 1830.

¡En el nombre de Jesús!
Aquí no hay lugar para el calor,
ni para el viento, ni para la escarcha,
Deja mi cuerpo como estaba antes.
En el nombre de Dios Padre,
en el nombre de Dios Hijo,
en el nombre de Dios Espíritu Santo.
Padre Nuestro.
¡Lee esto 3 veces!

Este texto es un conjuro o encantamiento destinado a tratar una herida afectada por el frío (sabañón), invocando protección y curación. La repetición de las invocaciones y la instrucción de leer el conjuro tres veces sugieren un proceso ritual para restaurar el estado original del cuerpo antes de la lesión o afectación.

Nº 66.
Para eliminar el dolor de una herida, cuando uno se lastima.
Storelvedal, c. 1830.

¡Dolor, desaparece!
En el nombre de Dios Padre,
Dios Hijo y Dios Espíritu Santo.
Recitar el Padre Nuestro y
luego la Bendición.
Lee esto 3 veces.

Este texto es un conjuro o encantamiento para aliviar el dolor en una herida. La fórmula comienza con una invocación directa para que el dolor desaparezca, seguida de invocaciones en el nombre de la Santísima Trinidad.

Nº 67.

Conjuro para dominar a un espíritu malicioso.

(Registrado del habla popular por Jobs. Skar).
Faaberg, 1880 y 1881.

¡Siéntate!
en el nombre de G.F., s.v. etc.*
Para liberarlo nuevamente.
¡Pica, diablo!

**La abreviatura "G.F. o. s. v." se refiere a "God Fader" (Dios Padre), indicando una invocación religiosa como la Santísima Trinidad.*

Este texto parece ser un conjuro o encantamiento para dominar a un espíritu malicioso, seguido de una instrucción para liberarlo..

Nº 68.

Conjuro contra la envidia.

Urskog, 1822.

Rezar un Padre Nuestro y después:
Te conjuro a ti, envidia, y a todo maleficio, para que regreses a tu dueño original,
a través de sus dientes y raíces de la lengua, a través de sus hígados y raíces de los pulmones,
a través de sus raíces del corazón, allí debes habitar y no en mi ganado,
ni en el ganado ni en las criaturas de N.N.
sin causar más daño
que una piedra fija en la tierra.
Tan pronto como esto se haga, debe haber curación presente.
En los 3 Nombres.

Este texto es un conjuro o encantamiento destinado a devolver la envidia o el maleficio a su origen, especificando que no debe afectar al ganado o las posesiones del individuo que realiza el conjuro. La invocación final "En los 3 Nombres" se puede referir de nuevo a la Santísima Trinidad. El encantamiento implica que una vez realizado, se espera que haya una curación o resolución del problema.

Nº 69.
Contra la envidia en los animales.
Dovre, 1864.

Debes prestar atención a tu vecino más cercano.
Él ha causado envidia en mis animales.
Que Dios los haga regresar,
que Dios los envíe lejos.
Los enviaré a través de 9 aguas tranquilas,
los enviaré a través de 10 arroyos.
Los enviaré sobre horcas y cercas,
los enviaré abajo de las montañas azules,
donde ni el Sol ni la Luna brillan.

Este texto es un conjuro o encantamiento para proteger a los animales de la envidia y la mala voluntad, posiblemente causada por un vecino. La fórmula implica una serie de acciones simbólicas para enviar lejos la envidia, pasando por diferentes elementos naturales y lugares misteriosos donde ni el Sol ni la Luna iluminan.

Nº 70.
Contra el mal en el ganado.
N. Wille; Hist. Tidsskrift Volumen III, Libro II, 185.
Seljord, 1786.

Cuando el grano esté cocido en la víspera de Año Nuevo, se va al estercolero con el recipiente del grano y se dice 3 veces:
"Basse, Basse,
no recibirás más de mi vaca este año,
solo este recipiente de grano".

Este texto es un conjuro o encantamiento destinado a proteger el ganado de cualquier daño o enfermedad. "Basse, Basse" puede ser una invocación a una palabra considerada mágica. El acto de llevar el recipiente de grano al estercolero y recitar el conjuro sugiere un ritual con una ofrenda a lo negativo para asegurar la salud y la seguridad del ganado en el año nuevo.

Nº 71.
Contra los calambres.
Jeløen (Rygge), c. 1780.

Te doy poder y valentía;
te doy médula en tus huesos;
te doy gracia y bienestar;
y aquel que te haya dañado,
recibirá un gran perjuicio.
Y esto se cumplirá y sucederá por la Crux Christi Clavis est Paradisi.*

**La frase "Crux Christi Clavis est Paradisi" significa "La Cruz de Cristo es la llave del Paraíso".*

Este texto es un encantamiento o conjuro destinado a aliviar los calambres o a brindar fortaleza y bienestar. Incluye una bendición para el receptor y una maldición para aquellos que causan daño.

Nº 72.
Protección para el ganado.
Vestre Slidre, c. 1780.

Voy a proteger mi ganado y caballos del enemigo y el diablo, de hombre y mujer y de toda la brujería que se arrastra entre el Cielo y la Tierra y en el aire vuela; esto debe alejarse de mi ganado y caballos y no tocarlos más que el propio cabello de la cabeza de Jesús. En el nombre de Dios Padre, Dios Hijo y Dios Espíritu Santo.

Este texto es un conjuro o encantamiento destinado a proteger el ganado y los caballos de influencias malignas, incluyendo a humanos y fuerzas sobrenaturales. La referencia al "cabello de la cabeza de Jesús" sugiere una protección divina y sagrada. La invocación final de la Santísima Trinidad refuerza el encantamiento.

Nº 73.

Contra la envidia.

Urskog, 1822.

Yo protejo a mi vaca de personas malas y malintencionadas.
Todo mal debe regresarles directamente a través del hígado
y los pulmones de aquel que robe o dañe a mi vaca.
En los 3 Nombres.

Este texto es un conjuro o encantamiento para proteger el ganado, en este caso una vaca, de la envidia y el daño causado por personas malintencionadas. La fórmula implica que cualquier mal dirigido hacia la vaca se revertirá hacia la persona que lo causó. La mención de "En los 3 Nombres" es una invocación de la Santísima Trinidad.

Nº 74.

Conjuro contra todo tipo de envidia y brujería.

Urskog, 1841.

Por el poder y la fuerza de nuestro Señor Jesús y San Pedro,
yo libero a N. N. del odio y la envidia y de los encantamientos del Diablo.
Esto debe regresar a quien envió esto, sea hombre o mujer,
a través de su hígado y pulmones, dientes y lengua
y en lo más profundo de las raíces de su corazón.
Allí debe habitar y no causar daño ni molestia.
En los 3 Nombres: Padre, Hijo y Espíritu Santo. Padre Nuestro.

Este texto es un conjuro o encantamiento destinado a proteger a una persona (hay que indicar el nombre donde pone N. N.) de la envidia, el odio y la brujería. El conjuro invoca el retorno de cualquier mal enviado a su origen, sea quien sea el responsable.

Nº 75.

Contra la tuberculosis y la brujería.

Nordfjord, 1862.

En este día, me levanto, en este día, salgo,
Dios maldiga a todos mis enemigos por envidia,
Dios maldiga a todos los ojos envidiosos,
Dios maldiga todas sus bocas y lenguas,
Dios maldiga sus hígados y pulmones.

Así se remedia la enfermedad en general; pero por seguridad se leen también al mismo tiempo las siguientes oraciones para casos más específicos:

Remedio contra la brujería de golpe,
remedio contra la brujería negra,
remedio contra la brujería de tierra,
remedio contra 9 tipos de brujería
y la envidia debe alejarse de mí
y regresar a quien la envió.
Y eso en los 3 Nombres, etc.
Yo quito la brujería y la envidia de mis animales,
como Jesús y la Virgen María los quitaron de sus animales,
brujería de mujeres,
brujería de tierra
y todo tipo de brujería, que existe entre el Cielo y la Tierra,
las quito de médula y hueso
y los pongo en palo y piedra, a ningún hombre dañar
y eso en el Nombre, etc.

Estas oraciones se leen 3 veces cada una,
y el Padre Nuestro 3 veces por cada oración.

Este texto es un conjuro o encantamiento para protegerse de la tuberculosis y la brujería. Incluye una serie de maldiciones contra los enemigos y oraciones específicas para remediar diferentes tipos de brujería, invocando protección divina.

Nº 76.
Contra la brujería en las armas de fuego.
Nordfjord, 1862.

Escucha en el nombre de Jesús,
yo remedio mi arma de fuego contra la brujería,
contra todo tipo de brujería,
que existe entre la Luna y el Sol, entre el Cielo y la Tierra.
En estos 3 Nombres, etc.

Este texto es un conjuro o encantamiento para proteger las armas de fuego de la brujería. El encantamiento invoca protección contra todo tipo de brujería existente entre el cielo y la tierra.

Nº 77.
Conjuro contra la ictericia.
Ringerike, 1885.

Me siento y hago efectivo el tratamiento para la ictericia
y la fiebre amarilla y la locura.
Voy a conjurarlos fuera de la médula y en los huesos,
fuera de los huesos y en la piedra,
fuera de la sangre
y en el río,
fuera de la piel
y en el aire y el viento,
y luego pueden viajar por todo el mundo, siempre y cuando no dañen nada.
En los 3 Nombres.

Este texto es un conjuro destinado a tratar condiciones de salud como la ictericia, la fiebre amarilla y un estado descrito como "locura". La fórmula implica un proceso de transferencia de estas dolencias a diferentes elementos de la naturaleza.

Nº 78.
Contra el "Kværsil".
Registrado por Th. von Westen en Veø, Romsdal. Previamente impreso en la historia de la misión de Hammonds, Página 120.
Veø (Romsdal), c. 1714.

Yo hago efectivo este tratamiento para el "Kværsil"
en los 3 Nombres, con Dios Padre, Hijo y Espíritu Santo. Amén.

Hay 3 palabras que alivian el "Kværsil", una es la Tierra, la otra es el Sol, la tercera es la Madre de Jesucristo, la Virgen María.

Este texto lo componen dos conjuros destinados a tratar una condición o dolencia llamada "Kværsil". La fórmula incluye una invocación a la Trinidad cristiana y menciona tres elementos —la Tierra, el Sol y la Virgen María— como palabras clave para aliviar esta condición.

Nº 79.
Contra el "Aakast".

Fron (Gudbrandsdalen), c. 1750.

Yo hago efectivo este tratamiento contra los 9 "Aakast",
que vuelan y se mueven entre el Cielo y la Tierra,
la Luna y el Sol;
contra el "Aakast" de la iglesia,
el "Aakast" de la montaña
y el "Aakast" del agua.
Primero sobre el "Aakast" y el padre del "Aakast",
el "Aakast" y la madre del "Aakast"
el "Aakast" y el hermano del "Aakast"
y todos sus amigos y parientes.
Algunos para arriba
y algunos para abajo, algunos para el norte
y algunos para el sur.

Entonces vino Cristo cabalgando sobre un puente.
Cristo dijo:
"¿A dónde vas, Aakast?"
"Quiero arrancar la carne y la sangre de los huesos".
"No," dijo Jesús, "te devolveré a quien te envió
y a la montaña azul,
allí estarás en palo y piedra
y a ningún hombre dañarás".
En los 3 Nombres.

Este texto es un conjuro o encantamiento para proteger contra una entidad o fuerza maligna llamada "Aakast". Puede referirse a un demonio o entidad infernal. Incluye una serie de invocaciones para dirigir el "Aakast" lejos de las personas y devolverlo a su origen o a un lugar donde no pueda hacer daño.

Nº 80.
Conjuro de protección contra el "Kiste-Kuller".
Hedrum, c. 1800.

Yo hago efectivo el tratamiento para la madre N.N.
para el hermano de N.N.
para el cónyuge de N.N.
para la familia de N.N.
No debes romper el hueso,
no debes desmenuzar la carne,
no debes succionar la sangre.
Te conjuro a bajar 9 brazas en la tierra;
allí debes permanecer,
hasta que Nuestro Señor celebre su Juicio.
En estos Nombres: GF.S.H.

Este texto es un conjuro o encantamiento para proteger a una persona o familia específica de una entidad o fuerza conocida como "Kiste-Kuller". Se invoca la protección para evitar que esta entidad cause daño físico y se la conjura a permanecer bajo tierra hasta el juicio final. La invocación religiosa refuerza el carácter sagrado del encantamiento. N.N. es el lugar para poner el nombre de la persona.

Nº 81.
Conjuro contra la parálisis.
Registrado por Th. von Westen en Veø, Romsdal. Previamente impreso en la historia de la misión de Hammonds, Página 119.
Veø (Romsdal), c. 1714.

Padre Nuestro antes y después.
Yo hago efectivo este tratamiento
para esta persona contra la parálisis de montaña,
la parálisis de mar,
la parálisis de un hombre muerto,
contra todas las parálisis que caen entre el Cielo y la Tierra,
en 3 nombres, con Dios Padre, Hijo y Dios Espíritu Santo. Amén.

Este texto es un conjuro o encantamiento para tratar diferentes tipos de parálisis o condiciones similares. La fórmula incluye una invocación a la Santísima Trinidad y se enmarca con la oración del Padre Nuestro antes y después del conjuro.

Nº 82.
Conjuro contra la parálisis.
Ringerike, 1883.

Yo hago efectivo este tratamiento para ti, N.N.,
contra la parálisis de un hombre muerto,
la parálisis de la tierra,
la parálisis de piedra,
contra todo tipo de parálisis que vuelan entre el Cielo y la Tierra.
En el Nombre del Padre, del Hijo y del Espíritu Santo. Amén.

Otra

Contra la parálisis de la tierra,
la parálisis de los trolls,
la parálisis de las "gygre" (1),
la parálisis de las "huldre" (2),
la parálisis de "flå" (3),
la parálisis de un hombre muerto,
la parálisis de la iglesia,
la parálisis voladora,
contra los 9 tipos de parálisis
que vuelan entre el Cielo y la Tierra,
bajo la Luna y el Sol.
En los 3 Nombres.

(1) "Gygre" podría referirse a gigantas o seres míticos femeninos en el folclore escandinavo.
(2) "Huldre" son seres sobrenaturales, a menudo representados como mujeres hermosas, en el folclore nórdico.
(3) Lo más probable es que "flå" aquí denote un tipo específico de parálisis o condición aflictiva, posiblemente con un origen o características únicas dentro del folclore o las creencias locales.

En este texto encontramos dos conjuros o encantamientos destinados a proteger contra varios tipos de parálisis, incluyendo aquellos asociados con seres sobrenaturales o míticos.

Nº 83.
Conjuro efectivo contra la parálisis.
Aal (Hallingdal), 1834.

Será efectivo para N.N.,
contra la parálisis de un hombre muerto y la fea "Faks",
contra la parálisis de los túmulos y la fea "Faks",
contra la parálisis de los "tusse" y la fea "Faks",
contra la parálisis de la roca y la fea "Faks",
contra la parálisis de la advertencia y la fea "Faks",
contra todas las peores parálisis,
que se mueven y viajan entre el Cielo y la Tierra,
entre la Luna y el Sol.
En los 3 Nombres con Dios Padre, Dios Hijo
y Dios Espíritu Santo. Amén.

Este texto es un conjuro o encantamiento para proteger a una persona (indicada como N.N.) de varias formas de parálisis, incluyendo aquellas asociadas con seres o entidades sobrenaturales, y posiblemente de una condición específica o maldición llamada "ljøte Faks".

Nº 84.
Remedio para "Flein".
Ullensaker, c. 1880.

Tú y yo somos dos (1) y la Virgen María la tercera.
Vamos a hacer efectivo la sanación para N.N. contra "Flein",
contra el "Flein" de tierra, contra el "Flein" de piedra,
contra "Svarflein" (2),
contra todo el "Flein" que hay en el mundo,
con tijeras y con espada y con plata mortal y el broche
en ese mismo momento (3).
El Nombre de Dios debe añadirse aquí.

(1) Debe haber otra persona presente además del maestro de ceremonias.
(2) Probablemente una corrupción de "Sverdflein" (Flein de espada).
(3) La conclusión está corrompida. —No se indicó cómo deben utilizarse los objetos mencionados en la fórmula: tijeras, cuchillo y broche de plata, según Frøken Borchsenius.

Este texto es un conjuro o encantamiento para tratar una condición o dolencia llamada "Flein", que puede tener diferentes formas u orígenes. La fórmula menciona el uso simbólico de varios objetos, como tijeras, espada y plata, junto con la invocación de la Virgen María y la necesidad de añadir el Nombre de Dios. De nuevo N.N. es para nombrar a la persona a tratar.

Nº 85.
Conjuro contra la envidia.
Urskog, 1815.

Yo te devuelvo a ti, envidia, a quien la ha mandado y
directamente a través del corazón.
Hago efectivo que la envidia regrese al mismo dueño que la envió,
directamente a través del corazón de quien sea, un hombre o una mujer.

Este texto es un conjuro o encantamiento para protegerse de la envidia y devolverla a su origen. La fórmula implica un proceso de reversión, donde la envidia se dirige de vuelta al corazón del individuo que la envió, ya sea un hombre o una mujer. La repetición de "directamente a través del corazón" enfatiza la intención del conjuro de afectar profundamente al emisor de la envidia.

Nº 86.
Conjuro contra los disparos.
a.

Hedrum, Hemsedal, c. 1800.

En el nombre de Jesús,
conjuro contra todos
los 9 tipos de malévolos disparos:
Contra los disparos del ejército,
contra los disparos de tierra,
contra los disparos al corazón,
contra los disparos al pulmón,
contra los disparos al hígado,
contra los disparos a la vesícula biliar,
contra todo tipo de disparos,
que flotan entre el Cielo y la Tierra,
entre el Sol y la Tierra.
En los 3 Nombres: G. F. S. H.

Este texto es un conjuro para proteger contra diferentes tipos de disparos, posiblemente mágicos o sobrenaturales. La fórmula incluye invocaciones específicas contra disparos dirigidos a varias partes del cuerpo y a disparos que existen entre el cielo y la tierra. La mención de "En los 3 Nombres: G. F. S. H." indica una invocación de la Santísima Trinidad en el cristianismo.

b.
Gausdal, 1800.

Conjuro contra: los disparos finos,
contra los disparos en el muslo,
contra los disparos en el costado,
contra los disparos en el corazón,
contra todos los disparos que vuelan y se mueven
en el viento y el clima
en los 3 Nombres G. F. S. H.
y 3 veces el Padre Nuestro.

Este texto es una continuación del conjuro o encantamiento anterior, destinado a proteger contra varios tipos de disparos, incluyendo aquellos dirigidos a partes específicas del cuerpo. La invocación de "en los 3 Nombres G. F. S. H." y la repetición del Padre Nuestro tres veces enfatiza su carácter religioso cristiano y el propósito de protección y curación.

c.
Skaabu (Fron, Gudbrandsdalen), c. 1800.

Te hago efectivo contra los disparos finos, contra los disparos en el muslo,
contra todos los disparos que vuelan y se mueven en el viento y el clima
en los 3 Nombres: Dios Padre, Dios Hijo y Dios Espíritu Santo. Y 3 veces
el Padre Nuestro.

Esta parte del texto continúa con el tema de protección contra los disparos en diferentes partes del cuerpo.

d.

Storelvedal, c. 1830.

Contra los disparos de brujería
y contra los disparos finos
y contra los disparos de sangre,
todos los disparos que existen entre el Cielo y la Tierra,
entre la Luna y el Sol.
En los 3 Nombres: Padre, Hijo y Espíritu Santo.

Este texto es un conjuro o encantamiento para protegerse de varios tipos de disparos malvados, incluyendo aquellos asociados con la brujería y la sangre. Esto nos indica que no solo se crearon para disparos físicos, sino también para disparos energéticos.

Nº 87.
Conjuro contra el dolor de muelas.

Hedrum, c. 1800; Hemsedal, c. 1897.

En el nombre de Jesús,
conjuro contra todos los 9 tipos de malvado dolor de muelas.
Hay 9 malévolos demonios de la sangre,
3 hermosos y 3 malvados y 3 simples.
He recibido marcas en mi diente;
las envío a las profundidades del infierno.
En el Nombre del Padre, del Hijo y del Espíritu Santo.

Este texto es un conjuro para aliviar el dolor de muelas, invocando protección contra diversos tipos de dolor, personificados como demonios de la sangre con diferentes características.

Nº 88.

Sobre la ictericia.

Editado según "Segner fraa Bygdom" I, 109.
Hallingdal, 1871.

Durante la recitación del Formulario Nº 98*, se mide al enfermo con un hilo retorcido en ambos lados y alrededor de todas las articulaciones. Si el hilo resulta corto mientras se mide, el enfermo ha tenido la enfermedad durante tantas semanas como el hilo no alcanza, y esto se calcula en medidas de pulgadas. Si, por el contrario, el hilo parece suficiente, entonces no es ictericia, sino otra enfermedad. Después de la medición, se debe enrollar el hilo en la palma interna de la mano en un círculo, luego se escupe a través de este y se arroja todo hacia atrás en el fuego.

Este texto describe un ritual de medición para diagnosticar y tratar la ictericia. La longitud del hilo y su adecuación alrededor del paciente se utilizan para determinar la naturaleza y la duración de la enfermedad. El acto final de enrollar el hilo, escupir a través de él y arrojarlo al fuego parece ser una parte importante del ritual, posiblemente simbolizando la eliminación o purificación de la enfermedad.

**Consultar la fórmula 98 para la recitación.*

Nº 89.

Para medir contra la ictericia.

(Según Folkevennen VIII, Página 461).
Lister y Mandal Amt, 1858.

La persona que se mide toma un hilo de lana y mide la longitud desde la coronilla hasta la planta del pie. Luego, el hilo se rompe en este último lugar. Con el mismo hilo, se mide a continuación desde el extremo del dedo índice de una mano hasta el extremo del dedo índice de la otra mano en la parte trasera del cuerpo, – y se observa que el hilo se presiona contra el cuerpo en cada articulación, y que los brazos se doblan en el codo, de modo que el brazo superior forme aproximadamente un ángulo recto con el antebrazo. El hilo se queda, por supuesto, corto, y ahora se examina cuántos anchos de pulgar faltan. Este número se recuerda durante un tiempo. –

Luego, se mide de la misma manera en el frente del cuerpo desde la punta de un dedo hasta la punta del otro, aunque los brazos deben mantenerse completamente rectos durante este proceso. La cantidad de anchos de pulgar que faltan aquí se suma al número anterior. El total de anchos de pulgar que esto suma indica cuántas semanas la persona medida ha tenido la ictericia. – El medidor toma ahora el hilo y lo enrolla, mientras la persona medida escupe 3 veces sobre él. Luego, se ata alrededor del brazo izquierdo del enfermo, quien debe llevarlo durante 3 días y 3 noches. Después, se entierra en la tierra, donde debe permanecer durante 3 días. Luego se desentierra y se quema, sin que la persona enferma perciba el olor.

Algunos lo llevan hasta que se recuperan. Otros dejan que el hilo se descomponga en la tierra.

Este texto describe otro método de medición y tratamiento para la ictericia, utilizando un hilo de lana y una serie de pasos específicos que incluyen medición, expectoración, atado al cuerpo y enterramiento del hilo. Este método parece formar parte de una práctica más amplia de medicina popular para diagnosticar y tratar la ictericia.

Nº 90.

Para medir a personas que han sido afectadas por los Dauingerne.

Editado según Nicolaissen, "Sagn og Eventyr fra Nordland", primera colección, Páginas 72-73, según el habla popular.

Nordland, 1879.

Da igual si se mide a la persona misma o una prenda de ropa que haya llevado.

Se comienza en la punta de los dedos, y se mide a través del pecho, y cuando se toma la última medida, se hace una cruz con un cuchillo, y se repite el proceso; así se puede ver si algo falta en él.

Luego se hace un sahumerio sobre la persona afectada con enebro, azufre y 5 granos de cebada; entonces los Dauingerne deben soltarlo.

Este texto describe (de una forma un poco confusa), un ritual de medición y un procedimiento de curación para personas que han sido afectadas por los "Dauingerne", un término que podría referirse a espíritus o entidades sobrenaturales en el folclore escandinavo. El proceso incluye medir al individuo o una prenda de su ropa, hacer una cruz con un cuchillo y un sahumerio con enebro, azufre y granos de cebada para liberar a la persona de la influencia de estos seres.

Nº 91.
Contra la ictericia.
Nes (Hallingdal), 1897.

Se mide entre las articulaciones con un hilo de lana.

Este texto es una instrucción breve para un ritual de medición utilizado en el tratamiento de la ictericia. El método implica el uso de un hilo de lana para medir entre las articulaciones del cuerpo. El ritual vuelca toda su fuerza en el acto solamente de medir de articulación a articulación.

Nº 92.
Conjuro para alejar el mal de personas y ganado.
Fron (Gudbrandsdalen), c. 1750; Romedal, c. 1780.

Conjuro todo mal fuera de la médula y en los huesos,
fuera de los huesos y en la carne y la sangre,
fuera de la sangre y en la piel,
fuera de la piel y en el aire y el viento
y que nunca vuelva a entrar aquí.

Conjuro para proteger tanto a personas como a animales de cualquier forma de mal. La fórmula describe un proceso de transferencia y expulsión del mal de dentro del cuerpo hacia el exterior, y finalmente al aire y al viento, con la intención de que no regrese.

Nº 93.
Conjuro para alejar el mal de personas y animales.
Jeløen (Rygge), c. 1780.

Conjuro todo mal fuera de la médula y en los huesos,
fuera de los huesos y en la carne,
fuera de la carne y en la sangre,
fuera de la sangre y en el tejido,
fuera del tejido y en la piel,
y en el aire y el viento,
y nunca más deberá entrar aquí.
La Palabra de Dios. Amén. En los 3 Nombres.

Este texto es un conjuro o encantamiento para proteger tanto a personas como a animales de cualquier forma de mal. Describe un proceso de transferencia y expulsión del mal, comenzando desde lo más profundo del cuerpo (la médula) hasta lo más externo (la piel), y finalmente liberándolo al aire y al viento.

Nº 94.
Conjuro para calmar el dolor.
Moland (Telemark), c. 1800.

Yo expulso el frío y el calor,
yo expulso el fuego y el daño,
yo expulso el dolor del agua hirviente,
yo expulso a la hija de la inflamación,
yo expulso a la segunda hija de la inflamación,
yo expulso a las 9 llamas ardientes,
a Thor y a las uñas de fuego, que viajan y vuelan entre el Cielo y la Tierra,
entre la Luna y el Sol.
Dios da alivio y curación a N.N.
En 3 nombres, Dios Padre, Hijo y Espíritu Santo.

Este texto describe un conjuro o encantamiento para aliviar varios tipos de dolor. Se mencionan elementos y entidades míticas como llamas ardientes, Thor y uñas de fuego, simbolizando fuerzas que se creen causan dolor y que son expulsadas o eliminadas por el encantamiento. El conjuro permite poner el nombre de la persona a tratar (N.N.).

Nº 95.
Para el dolor de muelas.
Moland (Telemark), c. 1800.

Yo elimino el podrido y el agua sucia,
yo elimino el picor y el negro,
yo saco lo pequeño y lo sucio,
la pesada piedra bajo el mandato de la Virgen María;
y con la ayuda de Jesús, esta persona será aliviada de su dolor;
con la omnipotencia de Dios, el Padre en el Cielo y el Hijo de Dios
con todo esto,
esta persona, N.N., será ayudada.

Este texto es un conjuro o encantamiento para aliviar el dolor de muelas. Incluye elementos de purificación y curación, invocando tanto a la Virgen María como a Jesucristo, y se basa en la fe cristiana para la sanación. Se mencionan varias fuerzas o elementos que se creen causan el dolor de muelas, y se pide su eliminación para aliviar el sufrimiento. De nuevo N.N. para nombrar a la persona con el dolor.

Nº 96.
Para conjurar arena fuera del ojo.

Jeløen (Rygge) c. 1780, Ål (Hallingdal) 1800, Eker 1800, Fron (Gudbrandsdalen) 1830.

Conjuro yo la arena y la saco del ojo de N.N.:
De lo negro a lo azul,
de lo azul a lo gris,
del gris al blanco,
del blanco al rojo,
del rojo en un giro,
hacia el cielo y el viento.
En los 3 Santos Nombres.
3 veces el Padre Nuestro. Amén.

Se menciona que en una versión que se debe soplar en el ojo mientras se recita el conjuro en silencio. Otra fuente indica que el conjuro puede realizarse a distancia.

Conjuro ritual que permite nombrar a la persona afectada (N.N.), para quitar la arena del ojo, utilizando un proceso simbólico de transformación y expulsión de la arena. La invocación de los "3 Santos Nombres" y la recitación del "Padre Nuestro" refuerza el carácter espiritual y protector del encantamiento.

Nº 97.
Para los 9 malvados hechizos.
Jeløen (Rygge), c. 1780.

Sal, elimina completamente el 9.º, 8.º, 7.º y malvado hechizo. D. K. B*.
Conjuro para que salga por la "Crux Christi Clavis est Paradisi"*.
Sal, elimina completamente el 6.º, 5.º, 4.º A. A. H*.
Conjuro para que salga por la "Crux Christi Clavis est Paradisi".
Con las mismas palabras que los tres primeros,
sal, elimina completamente el 3.º, 2.º, 1.º.
Conjuro para que salga por la "Crux Christi Clavis est Paradisi".
Y esto debe leerse 3 veces en 3 partes, como muestra el fragmento, y cada vez [se reza] el Padre Nuestro.

**Las letras "D.K.B." y "A.A.H." son algo enigmáticas y su significado exacto no es claro sin más contexto. Sin embargo, en rituales, conjuros y prácticas de curación tradicionales, las letras o siglas suelen representar fórmulas mágicas.*

** "Crux Christi Clavis est Paradisi" es una frase en latín que se traduce como "La cruz de Cristo es la llave del paraíso".*

Este texto describe un conjuro o encantamiento para expulsar o eliminar nueve tipos o niveles de lanzamientos o maleficios malvados. La repetición de la frase "Sal, elimina completamente" seguida de los números y letras sugiere una secuencia de expulsión, y la referencia a la cruz de Cristo indica un elemento de protección religiosa. Posiblemente, a la persona afectada por los hechizos, se le rociaba con sal a la vez que se le leía la conjuración.

Nº 98.
Para la ictericia.
Según "Segner fraa Bygdom I", 109.
Hallingdal, 1871.

N.N. mide primero para la Ictericia, desde la ictericia hasta la peste porcina,
de nueve a ocho,
de ocho a siete,
de siete a seis,

de seis a cinco,
de cinco a cuatro,
de cuatro a tres,
de tres a dos,
y de ahí a uno
y así hasta el final.
Se repite 3 veces; luego se dice: ahora levántate deja la ictericia
y la peste porcina.
Durante la recitación del formulario, se mide a la persona que tiene la
Ictericia con un hilo torcido.

Este texto describe un proceso de medición y un conjuro para el tratamiento de la ictericia, utilizando una secuencia numérica decreciente y menciones de diferentes tipos de enfermedades. La medición con un hilo retorcido y la recitación del encantamiento forman parte del ritual. El proceso de contar hacia atrás y la repetición tres veces son elementos típicos de los rituales de curación en muchas tradiciones mágicas.

Nº 99.
Conjuro para expulsar un mal.

Registrado según el habla popular por Jørg. Moe.
Valle (Setesdal), 1847.

Expulsa a una hija de Eddin,
expulsa a dos hijas de Eddin,
expulsa a tres hijas de Eddin.
Expulsa a la tierra, a la mar y al agua,
expulsa en el Nombre del Señor.
Padre Nuestro.

Este texto es un conjuro o encantamiento que parece estar dirigido a expulsar o eliminar una influencia o entidad negativa, posiblemente referida como "hija de Eddin". El ritual incluye mandar esta entidad a diferentes elementos naturales (tierra, mar y agua) y se realiza en el nombre del Señor, lo que sugiere una invocación de protección y purificación.

Nº 100.
Conjuro contra la artritis.
Jeløen (Rygge), c. 1780.

Entró el 9.º, 8.º, 7.º hijo de Jecht:
Se marcha el dolor, con dolor externo, con agua externa y sangre mala.
Entró el 6.º, 5.º, 4.º hijo de Jecht:
Se marcha el frío y el calor, con dolor externo, con frío externo,
con calor externo, con agua externa y sangre mala.
Entró el 3.º, 2.º, 1.º hijo de Jecht:
Se marcha el agua y el dolor, con dolor externo, con agua externa,
con sangre mala, con frío externo,
con calor externo, con Jecht y sangre inútil.

Este texto es un conjuro o encantamiento que parece estar dirigido a tratar la artritis o una condición similar. Los "hijos de Jecht" pueden simbolizar diferentes aspectos o causas del dolor y la enfermedad (como dolor, frío, calor), y el ritual describe cómo estos elementos "entran" en la persona. Las referencias a "se marcha", "Dolor Externo", "Agua Externa", etc., sugieren un proceso de eliminación o transformación de estas influencias negativas. La mención de diferentes tipos de sangre ("mala", "inútil") podría simbolizar diferentes estados patológicos relacionados con la enfermedad.

Nº 101.
Para sacar arena de los ojos.
(Registrado según el habla popular por Jørg. Moe).
Valle (Setesdal), 1847.

Se cuenta hacia atrás mientras el paciente mira fijamente con los ojos bien abiertos, desde 20, 19... hasta el 0.

Este texto describe un método para tratar a alguien que tiene arena en los ojos. El proceso incluye contar hacia atrás desde 20 mientras el paciente mira fijamente. Este tipo de práctica sugiere un método de atención o concentración que puede ayudar a aliviar la molestia o facilitar la eliminación de la arena. En muchas tradiciones de curación, el acto de mirar fijamente o concentrarse en un punto puede ser parte de un proceso de curación o alivio.

Nº 102.

Ritual para eliminar el dolor de muelas.

(Registrado según el habla popular por Jørg. Moe).
Valle (Setesdal), 1847.

El mago toma un palo de avellano y con él toca los dientes enfermos del paciente. Luego, el hechicero escribe en un trozo de tela:
Eli 8, Eli 7, Eli 6, Eli 5, Eli 4, Eli 3, Eli 2, Eli 1
y coloca o deja la tela y el palo en un lugar donde nadie vaya.

Este texto describe un ritual para tratar el dolor de muelas que implica tanto un elemento físico (tocar los dientes con un palo de avellano) como uno simbólico (escribir una serie de frases en una tela). La repetición de "Eli" seguida de una cuenta regresiva sugiere un proceso de disminución o eliminación del dolor. Eli es una palabra mágica asociada con la eliminación del dolor. El acto final de colocar la tela y el palo en un lugar aislado puede simbolizar la transferencia y el alejamiento del dolor. La combinación de acciones físicas y simbólicas es común en prácticas tradicionales de curación y magia.

Nº 103.

Ritual contra la tiña (y otros males).

Comunicado en 1892 por la Sra. F. Bjerck,
quien aprendió la fórmula en Drammen, c. 1830.

Se toma saliva en ayunas en el dedo
y se gira alrededor del área afectada mirando en dirección al sol, diciendo:
Tiña, tiña con todos tus retoños,
de 9 a 8,
de 8 a 7,
de 7 a 6,
de 6 a 5,
de 5 a 4,
de 4 a 3,
de 3 a 2,
de 2 a 1,
de 1 a 0.
Esto se repite durante tres mañanas, cada mañana tres veces.

Este texto describe un ritual para tratar la tiña, una infección de la piel causada por hongos. El método incluye la aplicación de saliva en ayunas en la zona afectada, acompañada de una fórmula que se recita mientras se gira el dedo en dirección al sol. La cuenta regresiva de 9 a 0 es un ejemplo más de magia reductiva, reducir algo a cero. La repetición del procedimiento durante tres mañanas, cada una tres veces, refleja la importancia de la persistencia, la regularidad en el tratamiento y el uso del número tres tan utilizado en magia. Considero esta fórmula perfectamente aplicable para otros males.

Nº 104.
Para proteger a mis caballos.
Jeløen (Rygge), c. 1780.

En el nombre de Jesús, recorro el camino con mi caballo, vigoroso, médula en hueso. Si me encontrara con enemigos envidiosos, entonces protejo dientes y lengua, hígado y pulmón.
Expulso la envidia maligna desde la médula hasta el hueso,
del hueso hasta el tejido, del tejido hasta la piel,
de la piel hasta el cuero
y luego en el aire y el viento
y que no afecte a mis caballos,
más que el rocío se convierte en una piedra fija bajo el sol.

Este texto es un conjuro o encantamiento destinado a proteger a los caballos de la envidia y el daño. Se invoca el nombre de Jesús y se describe un proceso simbólico de atar y expulsar la envidia y el daño, con el objetivo de que no afecte a los caballos más de lo que el rocío afecta a una piedra bajo el sol. El encantamiento utiliza la magia de transferencia para transferir un mal y para los caballos.

Nº 105.
Contra la brujería.

Según Th. von Westen Angell, Descripción de Lindaas, Manuscrito N.º 467
Qv. Un. Bibl.).
Lindaas, 1753.

Jesús, el Hijo de Dios, estaba en la orilla de Sivan;
entonces se encontró con el mal olor.
"Yo te bendeciré", dijo Jesús,
"de las flores de la brujería y de las flores del moho,
del amor de la brujería y del amor del moho,
del amor de la inmundicia y del amor del cementerio.
Yo ordeno que sea expulsado de la carne al moho,
de la esencia pura a la piedra,
de la carne a la raíz roja,
que duerma y desaparezca".
Palabra de Dios y Amén.

Este texto es un conjuro destinado a proteger contra la brujería o influencias malignas. Se describe a Jesús conjurando y bendiciendo contra varios tipos de influencias negativas, utilizando una serie de imágenes poéticas relacionadas con la naturaleza y la decadencia. El encantamiento tiene como objetivo transformar lo negativo (representado por las flores de brujas, el amor de brujas, etc.) y devolverlo a la tierra, la piedra y la raíz roja, para que finalmente se desvanezca.

Nº 106.
Contra un maleficio.

Fron (Gudbrandsdalen), c. 1750.

Nuestro Señor Jesucristo caminaba por el páramo,
donde encontró la ira de un ser humano.
"Escucha, tú, ¡malvado humano!
El disparo venenoso y el maleficio que has enviado,
hoy lo devolveré a ti de esta manera:
desde mi cabeza fuera de mi cerebro,
fuera de mi corazón y raíces del corazón,
fuera de mis articulaciones,
fuera de mis miembros,

fuera de mi casa,
fuera de mi ganado y ovejas,
fuera de mi campo y prado,
fuera de mi granja y marcha hacia los valles profundos;
allí deberás vivir y andar,
cabalgar y correr,
de vuelta al malvado humano que te envió,
de vuelta a su propio corazón y raíces del corazón,
de vuelta a su propia puerta.
Allí deberás permanecer
tan firme como una piedra,
¡Quédate así!"
Palabra. A m é n.

Este texto es un conjuro que invoca a Jesucristo para revertir un maleficio o un tiro venenoso, una mala energía, enviada por una persona malvada. Se describe un proceso de expulsión del maleficio de varias partes del cuerpo y de la propiedad de la persona afectada, y su devolución al perpetrador. Es Magia de transferencia al origen del mal.

Nº 107.
Contra el duende.
Fron (Gudbrandsdalen), c. 1750.

El duende estaba sentado en la montaña, golpeando con sus dos martillos.
"¿Qué golpeas? ¿Golpeas a la vaca?
No, ciertamente, no deberías hacer eso,
debes golpear en el tronco y la piedra
y nunca más hacerle daño a mi vaca".

Este texto describe un conjuro o encantamiento dirigido a un duende, una figura de la magia nórdica relacionada con lo negativo, para proteger a una vaca de sus travesuras o daños. El diálogo entre el hablante y el duende refleja una petición o mandato para que el duende deje de hacerle daño a la vaca y, en su lugar, dirija sus golpes a objetos inanimados como troncos y piedras.

Nº 108.

Conjuro contra el veneno de la serpiente.

(Según una nota del Teniente J. Brochmann. Kisterud. Anexo Nordby.
Parroquia de Aas.
Fron (Gudbrandsdalen), c. 1830.

"Áblik yacía bajo la raíz del abedul, sobre él se sentó un hombre ciego.
Áblik picó al hombre ciego, el hombre ciego se levantó y dijo:.
herida nueva y herida antigua,
que lo rojo no arda,
que lo azul no se hinche".
En los 3 Nombres, Padre, Hijo y Espíritu Santo.
Padre Nuestro, tres veces.

"Áblik" se refiere a la serpiente.
Este texto es un conjuro o encantamiento destinado a aliviar el veneno de una serpiente o una picadura similar. Utiliza la imaginería de un hombre ciego que se levanta después de ser picado por una serpiente o una criatura similar, simbolizando la superación del veneno o del daño. Las líneas finales del encantamiento invocan protección y curación para las heridas, tanto nuevas como antiguas, y se recita el Padre Nuestro como parte del proceso de curación. La mención de colores (rojo y azul) podría simbolizar diferentes tipos de dolor o efectos de la picadura.

Nº 109.

Para revertir la ira o envidia de otra persona.

Bø (Vestevaal), c. 1770.

El cuervo se sienta en el puente, muerde el hueso amargo.
¿Qué es más amargo que el hueso?
Es la envidia e ira que tiene hacia N.N.
La envidia, por el poder Todopoderoso de Dios
y la autoridad de los Apóstoles,
la desvío de él hacia la batalla gris y la ola azul
allí entrarás, para siempre permanecerás.
I. N. P. E. F. S. S.

Este texto es un conjuro o encantamiento destinado a revertir o desviar la ira o envidia de una persona hacia otra. Utiliza la imagen de un cuervo, un pájaro que a menudo tiene connotaciones simbólicas en el folclore, mordiendo en un hueso amargo como metáfora de la amargura de la envidia y la ira. Incluye un espacio (N.N.) para indicar el nombre de la persona que recibe el mal. El encantamiento invoca el poder de Dios y de los Apóstoles para redirigir estas emociones negativas hacia "la batalla gris y la ola azul", sugiriendo una dispersión o neutralización de estas emociones en el vasto y eterno mar. Las iniciales corresponden a la fórmula trinitaria: In nómine Patris et Fílii et Spíritus Sancti.

Nº 110.
Para expulsar un veneno.

Bø (Vesteraal), c. 1770.

Lee estas palabras sobre el lugar donde se encuentra el veneno:
El ciervo estaba parado en el páramo salvaje
encendido con veneno y con el perverso envenenamiento.
Ahora deberás encontrar pronto alivio, pon la mano en la Tierra.
En el nombre del Padre, del Hijo y del Espíritu Santo.

Este texto es un conjuro o encantamiento que se utiliza para expulsar veneno o contrarrestar los efectos del envenenamiento. Utiliza la imagen de un ciervo en un páramo salvaje como metáfora del estado envenenado y pide un alivio inmediato, simbolizado por el gesto de poner la mano en la tierra y desviar el veneno a ella.

Nº 111.
Contra un golpe recibido por un duende.

Hadeland, 1789.
Dovre, 1864.

El duende se levantó en la montaña,
golpeó con su martillo.
Jesús contraatacó con su ley,
así que N.N. no será más dañado.
N.N., tu ley es la mía.
Y esto en el nombre de Dios Padre,
Dios Hijo y Dios Espíritu Santo.
Amén.
Estas palabras se leen y se aplica un ungüento en el lugar del golpe.

Este texto es un conjuro o encantamiento que se utiliza para curar o proteger contra el daño causado por un duende, una figura de connotación negativa. El encantamiento describe un enfrentamiento entre Jesús y el duende, donde Jesús protege a N.N. (la persona a quien va dirigido). La frase final sugiere un procedimiento físico de curación, donde las palabras del encantamiento se leen mientras se aplica un ungüento en el lugar del golpe o la herida.

Nº 112.
Conjuro contra la picadura de serpiente.

Jeløen (Rygge), c. 1780.

Una serpiente picó a N.N. en el pie:
"escupe y revienta, tú que picaste,
pero no tú, que fuiste picado.
Un hombre cristiano obtendrá alivio
por su fe
pero tú nunca recibirás alivio.
Lo rojo no arderá,
lo azul no se hinchará".
Y pronuncia mis palabras en el nombre de Dios Padre,
Dios Hijo y Dios Espíritu Santo.

Este texto es un conjuro o encantamiento que se utiliza para tratar una picadura de serpiente. La narrativa sugiere que la persona que fue picada (N.N.) recibirá alivio, mientras que la serpiente o el agente que causó la picadura no lo hará. El conjuro también busca prevenir la hinchazón y el ardor que suelen acompañar a una picadura de serpiente.

Nº 113.
Para la picadura de la serpiente.

Jeløen (Rygge), c. 1780.

La serpiente me picó en el pie, dijo:
"εν τούτῳ (N.N.) † levántate sano,
vete fresco y sano,
que lo rojo no arda,
que lo azul no se hinche."
En el Nombre εν τούτῳ †

La frase "εν τούτῳ" es griego para "en esto" o "por esto". El contexto del uso de "εν τούτῳ" aquí es probablemente una invocación de curación o protección, posiblemente referenciando la presencia o el poder de Dios en el acto de la curación. Puede ser una palabra mágica utilizada en sanación. N.N. es el lugar donde se tiene que poner el nombre de la persona afectada.

La oración pide sanación para evitar que la picadura cause ardor (lo rojo no arda) o hinchazón (que lo azul no se hinche), que son síntomas comunes de una picadura de serpiente. La invocación final repite la frase griega, posiblemente como un sello de la oración o encantamiento.

Nº 114.
Contra el maleficio.
Ringerike, 1885.

Nuestro Señor Jesús y la Virgen María
hicieron un conjuro contra el maleficio,
contra el maleficio de Noa-Aakast,
contra el maleficio de O-Aakast,
contra el maleficio de la sangre.
En los 3 Nombres.

El "En los 3 Nombres" al final hace referencia a la fórmula cristiana "En el nombre del Padre, del Hijo y del Espíritu Santo". Los términos "Noa-Aakast", "O-Aakast" son tipos específicos de maleficios o maldiciones.

Nº 115.
Contra sabañones.
Nordfjord, 1862.

Te pido permiso para curar a N.N. del mal del frío
Asa Noa, debe romperse.
"Sí", dijo María, "debe sanar.
Que la palabra de Dios se envíe a cada raíz de las uñas y a cada miembro",
en estos 3 nombres.

Este texto parece ser un conjuro o una oración para curar los efectos del frío en una persona. "Asa Noa" podría ser algo negativo a eliminar. "En estos 3 nombres" se refiere nuevamente a la Santísima Trinidad.

Nº 116.
Contra los disparos mágicos.
Dovre, 1864.

La Virgen María preguntó:
"¿Qué daña a tus criaturas?"
"Hechicería y disparos son los que dañan a mis criaturas".
La Virgen María te protegerá contra los Disparos de Montaña,
contra los Disparos de Tierra,
contra los Disparos de la Bruja y contra Disparos,
contra los Disparos Mágicos
y contra Disparos que vuelan
en el Viento y el Tiempo.

Este texto es una invocación para proteger contra diversos tipos de daños mágicos o ataques sobrenaturales, descritos como "disparos" que afectan a animales y personas. La Virgen María es invocada como la figura que restaurará el bienestar, contrarrestando los efectos de estos ataques mágicos. La fórmula busca protección contra tales fuerzas que se creen que pueden viajar con el viento y afectar a través del clima o el aire.

Nº 117.
Curar una herida.
(Registrado de la tradición oral por Jørg. Moe).
Valle (Sætersdal), 1847.

Encuentra a la mujer delgada
junto a un arroyo con una taza de aguachirle.
Deja que el zapato toque el arroyo,
deja que el sangrado cese lentamente,
para que N.N. se cure.

Este texto parece ser una fórmula popular para curar una herida. La "mujer delgada" podría ser una curandera tradicional. La taza de aguachirle puede referirse a un remedio o una infusión hecha con agua corriente, que se cree que tiene propiedades curativas. La oración es para que el sangrado de N.N. cese y se cure.

Nº 118.
Contra la picada de una serpiente a un caballo.
Vinje (Telemarken), c. 1520.

Si al caballo le muerde una serpiente, entonces di lo siguiente:
Tres serpientes entraron en la carne y piel de San Job;
una era blanca, otra era roja, la tercera era negra.
Ahora dijo Job:
Todas estas serpientes están muertas.
Así todas estas serpientes que atacan al caballo deben estar muertas
y haz el signo de la cruz
'in nomine patris et filii et sancti spiritus Amen',
y escribe estos nombres en plomo: "alpha et o, primus et novissimus",
y reza tres Padrenuestros y tres Avemarías en honor de Dios y San Job y
Enoc. Escribe estos nombres en el cuello del caballo.

Este texto es un conjuro para tratar un caballo que se cree que ha sido mordido por una serpiente, que podría ser una metáfora de enfermedad o malestar. La referencia a las serpientes de diferentes colores y San Job sugiere una historia o mitología más amplia en la que se basa el conjuro. La frase "alpha et o, primus et novissimus" significa: "alfa y omega, el primero y el último" y es una fórmula mágica muy utilizada en la antigüedad cuyo significado es que Dios es el principio y fin de todas las cosas. El uso de fórmulas cristianas y oraciones, así como escribir nombres sagrados en plomo y colocarlos en el caballo, son métodos típicos de curación y protección en las tradiciones medievales.

Nº 119.
Conjuro para el dolor en los ojos.
Skaabu (Fron, Gudbrandsdalen)
c. 1830.

a.

"¿Qué daña tus ojos?"
"Rojez e hinchazón y suciedad en mis ojos".
"La Virgen María conjurará esto con 10 dedos y 12 Ángeles de Dios".
En los 3 Nombres de Dios Padre, Dios Hijo, y Dios Espíritu Santo
y 3 veces el Padrenuestro.

b.

"¿Qué daña tu ojo?"
"Suciedad y escombros en mi ojo."
"La Virgen María conjurará esto con 10 dedos y 12 Ángeles de Dios".
En los 3 Nombres de Dios Padre, Dios Hijo, y Dios Espíritu Santo
y 3 veces el Padrenuestro.

c.

Cristo se paró en la puerta de la iglesia y preguntó a la Virgen María:
"¿Qué daña tu ojo? Yo lo sanaré,
de la uña, de la arena, de la grava".
En los 3 Nombres de Dios Padre, Dios Hijo, y Dios Espíritu Santo
y 3 veces el Padrenuestro.

Este texto parece ser una serie de conjuros o encantamientos para aliviar las dolencias de los ojos, invocando la ayuda de la Virgen María y Jesucristo. Se mencionan causas específicas de dolor o molestia en los ojos, como la rojez, la hinchazón y la presencia de cuerpos extraños como suciedad, arena o grava. La intervención divina se invoca a través de la repetición del Padrenuestro y la mención de figuras sagradas.

Nº 120.
Para la opresión o lo que el campesino llama: "mal humor".

(Según De Fines Descripción del Condado de Stavanger, Norske Magasin III, 197).
Stavanger, c. 1650-1660.

Cristo caminaba por el camino,
a dos personas encontró,
al tercero alivió
y ayudó contra el mal humor.
En el nombre de Jesús.

Este texto es un conjuro o una oración corta para aliviar lo que se describe como opresión o una condición referida por los campesinos como "mal humor", que podría interpretarse como una sensación de angustia o una dolencia psicológica. La referencia a Cristo sugiere que se trata de una invocación de sanación que probablemente forma parte de un rito más amplio.

Nº 121.
Contra el mal de brujería.

(Según el Protocolo del Tribunal de Østerdal de 1638-1641, Archivo Nacional. Fórmula utilizada por Maren Lauridsdatter, acusada de brujería).
Østerdal, 1638.

Nuestro Señor Jesús con gran poder,
debería realizar un conjuro contra la brujería,
el mal sanguíneo, el mal volador.
La Virgen María bendice a Jesús, su bendito hijo N.N.
En el Nombre de Dios Padre, Hijo y Espíritu Santo. Padrenuestro 3 veces.

Este texto es un conjuro o una oración para aliviar algún tipo de malestar o enfermedad que se cree que es causado por fuerzas sobrenaturales o maleficios. La invocación de figuras sagradas como Jesús y la Virgen María sugiere que la curación se busca a través de la intercesión divina. El "mal sanguíneo" y el "mal volador" podrían referirse a tipos de dolencias o síntomas específicos. Permite personalizar el conjuro poniendo en N.N. el nombre de la persona afectada. El uso de la oración del Padrenuestro tres veces resalta la importancia de la Trinidad y la fe cristiana en el proceso de curación. La fórmula era utilizada en contextos donde se sospechaba la influencia de la brujería o de lo sobrenatural en la salud de una persona.

Nº 122.
Conjuro para todo tipo de malestar.

Urskog, 1813.

Nuestro Señor Jesús y la Virgen María estaban parados en una losa,
realizando un conjuro contra todo lo malo que bajo el cielo vaga.
"Hice un conjuro contra el dolor de cabeza,
hice un conjuro contra el dolor de estómago,
hice un conjuro contra el dolor de corazón,
hice un conjuro contra el dolor de hígado,
hice un conjuro contra el dolor de espalda,
hice un conjuro contra el dolor agudo,
hice un conjuro contra el dolor de agua,
hice un conjuro contra todos los dolores,
que bajo el cielo existen.
En los 3 Nombres."

Este texto es una oración de protección o curación que enumera una serie de dolores o malestares que pueden afectar a diferentes partes del cuerpo y el bienestar en general. La oración invoca la ayuda de figuras sagradas para aliviar estos dolores y protegerse de ellos. "En los 3 Nombres" se refiere nuevamente a la Santísima Trinidad. Esta práctica refleja una comprensión medieval o temprana moderna de la enfermedad y la sanación, donde los problemas de salud a menudo se atribuían a fuerzas malignas o influencias espirituales.

Nº 123.

Para que aparezcan los muertos.

(Publicado en el "Illustr. Nyhedsblad" en 1855, Página 192, según un acta judicial. Fórmula utilizada por Marette Eriksdatter Klingsheim, quien fue condenada a muerte por practicar la brujería).

Haaland, 1684.

Jesús se sienta en la tumba,
él revuelve la tierra buena.
(N.N.) Jesús te habla: ¡Aparece!
En el nombre de Jesús, y 3 ángeles, en tres Palabras de Dios. Amén.

Esta es una fórmula mágica o un encantamiento que, según la creencia de la época, permitiría a una persona conocer el estado de los que han fallecido y hacerlos aparecer. La invocación de "3 ángeles" y "tres Palabras de Dios" sugiere la invocación de fuerzas espirituales para obtener la información deseada. Según indica el texto, la persona que hacía este ritual fue condenada a muerte por brujería. Esas frases las pronunciara para invocar a los fallecidos que quería contactar.

Nº 124.

Curar los sabañones.

Nordfjord, 1862.

Jesús caminó por el profundo valle:
el rugido de la tierra
y el estruendo de las montañas
no te dañarán ni un poco.
Así curo yo a N.N. de los sabañones.
En los 3 Nombres.
Padrenuestro 3 veces.

Este texto es una oración o conjuro para proteger o curar a alguien del daño causado por el frío extremo. La referencia a Jesús caminando por un valle y la mención del poder de la naturaleza destacan la idea de que incluso en condiciones adversas, la fe puede proporcionar protección. El término "N.N." se usa aquí como un marcador de lugar para el nombre de la persona que recibe la oración.

Nº 125.
Conjuro para el cólico en el ganado.
Jeløen (Rygge), c. 1780.

Jesús llevaba su asno al campo, el cólico lo atormentaba en el vientre.
Jesús golpeó con su mano sobre su boca:
"¡Sano y salvo,
que el cólico se vaya en este mismo momento!"

Este texto parece ser una oración o conjuro para aliviar el cólico o una dolencia similar en los animales, específicamente en un asno. La acción de Jesús de golpear con la mano sobre la boca y pronunciar las palabras para aliviar el dolor refleja la creencia en el poder milagroso de las figuras sagradas para curar enfermedades y malestares en los animales. La referencia a "en este mismo momento" subraya la inmediatez con la que se espera que ocurra la curación.

Nº 126.
Contra la brujería.
(Según el Lerdags-Aftenblad 1865, Página 50).
Solør, 1865.

La Virgen María y San Pedro iban caminando y Jesús iba curando.
Dijo entonces el trol en la montaña:
"eso no sirve para nada".
"Sí, sirve para lo Visible y lo Invisible", dijo María.
"A los trols macho y a las trols hembra
los maldecimos a través de la montaña azul,
allí permanecerán sentados hasta que llegue el Juicio final.
Desde la salida del sol hasta la puesta del sol".
En los 3 Nombres.

Este texto es un conjuro o una oración para protegerse contra la brujería y el mal causado por seres sobrenaturales como los trols. La interacción entre María, San Pedro y Jesús, y la respuesta del trol en la montaña, ilustra la confrontación entre las fuerzas del bien y del mal. La mención de "lo Visible y lo Invisible" sugiere que la oración está destinada a proteger tanto contra amenazas físicas como espirituales. La maldición contra los trols macho y hembra y su confinamiento hasta el Juicio Final es una forma de sellar su poder maligno. La frase "desde la salida del sol hasta la puesta del sol" indica cuándo se puede realizar el conjuro.

Nº 127.
Conjuro para curar la mordedura de serpiente.

Ullensaker, c. 1880.

Se encontraba una serpiente bajo una raíz de abedul,
y picó a Jesús en su pie.
"Pico al hombre hasta que se desangre,
lo pico hasta que se ponga azul,
lo pico hasta que se desmaye."
"Sí, si picaste al hombre pero vendrá un hombre de Bammerdal
y aplastará tus venenos y tus toxinas".
En el nombre de Thor, Odin y Frigg.
Se lee 3 veces sobre un trozo de sebo y se unta en la herida.

El nombre de los dioses paganos se debe usar en lugar del nombre de la Trinidad, ya que, como dijo la mujer que le dio relato a la fórmula en el documento original: "para no tomar el nombre de Dios en vano". Según ella, cuando se usaban los nombres de los tres dioses paganos, se podía "hacer conjuro" sin pecar.

Este texto muestra una mezcla interesante de cristianismo y paganismo, donde se invocan dioses nórdicos antiguos junto a figuras del cristianismo para curar una mordedura de serpiente. La historia involucra a Jesús siendo picado por una serpiente y un ritual mágico para curar la mordedura. El uso de nombres de dioses paganos en lugar de la Trinidad cristiana es justificado por la persona que proporcionó la fórmula como una forma de evitar el pecado, lo que refleja una comprensión popular y sincrética de la religión y la magia en esa época.

Nº 128.
Conjuro y maldición contra el robo de energía.

(Heyerdahl, Descripción de Urskog, Página 172).
Urskog, 1882.

Hace algún tiempo, N.N. salió a pasear;
un malvado brujo o bruja lo encontró.
Lo maldijeron,
lo dañaron,
lo atacaron,
le robaron la sangre,
buscaron la médula en sus huesos,
la sangre de su carne,
el poder y la fuerza de él.
Y aquel que lo ha hecho, deberá comer fuego
y vadear el agua,
hundirse en el infierno, desintegrarse; no deberá
encontrar alivio ni descanso,
hasta que N.N. se recupere.

Este texto es un conjuro o una oración para protegerse o curar a alguien que ha sido víctima de brujería o hechicería, específicamente de un robo de energía o vitalidad. Se describen acciones mágicas realizadas por un brujo o bruja contra la víctima, como la extracción de médula ósea y sangre, simbolizando la extracción de energía y fuerza. La oración invoca una maldición sobre el perpetrador, deseando que sufra hasta que la víctima se recupere. La referencia a "hundirse en el infierno" y "desintegrarse" sugiere un castigo severo para el hechicero o la hechicera responsable.

Nº 129.
Conjuro contra la Mosotta.

Registrado según la tradición oral por A. Heyerdahl, Descripción de Urskog. Página 166. Urskog, 1882.

Sante Beretta fue a ver a una persona:
"¿Por qué estás tan cansado, por qué estás tan débil?"
"Debo estar cansado, debo estar débil,
he contraído la terrible Mosotta".
"Te conjuro Mossota
fuera de la médula en un hueso,
fuera del hueso en la carne,
fuera de la carne en tu piel,
fuera de la piel en tu cuerpo
y en 9 piedras firmemente arraigadas en la tierra,
así no causará más daño".

Este texto parece ser un conjuro o hechizo para curar una enfermedad o condición conocida como "Mosotta", la cual podría ser una enfermedad conocida por ese nombre en alguna zona. La figura de "Sante Beretta" realiza el conjuro para expulsar la enfermedad del cuerpo del afectado, moviéndola desde la médula ósea hasta elementos externos como las "9 piedras firmemente arraigadas en la tierra", simbolizando así la extracción y alejamiento del mal o la enfermedad. La estructura del conjuro refleja un proceso gradual de purificación o sanación.

Nº 130.
Para los malos hechizos y maleficios.

Jeløen (Rygge), c. 1780.

Jesús fue a la puerta de la iglesia;
allí estaba sentado un bendito Hijo* llorando.
"¿Por qué lloras?", preguntó Jesús.
Él dijo: "Debo llorar; he sido afectado por el Maleficio del Muerto,
el Maleficio de la Iglesia,
el Maleficio de la Montaña,
el Maleficio de la Casa,

el Maleficio de la Garganta,
el Maleficio del Duende".
Entonces Jesús dijo:
"No llores, te curaré del Maleficio de la Iglesia,
el Maleficio del Muerto,
el Maleficio de la Montaña,
el Maleficio de la Casa,
el Maleficio de la Garganta
y el Maleficio del Duende,
y todos los malos maleficios que vuelan y se desplazan entre el Cielo y la Tierra".
Y esto en el Nombre de F.S.H.

**El "bendito Hijo" debe referirse a la figura de un creyente de Jesús.*

Este texto describe una interacción entre Jesús y su "bendito Hijo", quien está afligido por varios tipos de maleficios o hechizos malignos. Jesús ofrece alivio y curación de estos maleficios. La frase final "Y esto en el Nombre de F.S.H." es una abreviatura de "Padre, Hijo y Espíritu Santo" (en noruego: Faderen, Sønnen og Helligånden), invocando la Trinidad para la protección y la curación.

Nº 131.
Conjuro para curar la picadura de serpiente. (Resucitar un muerto).

Romedal, c. 1780; Rygge, c. 1780; Eker, c. 1800.

Jesús y San Pedro iban caminando por el camino,
y se encontraron con un hombre muerto.
"¿Qué te aflige?", preguntó Jesús.
"Han Jo Kingemand me ha picado hasta matarme".
"Levántate", dijo Jesús,
"recibirás alivio en este mismo instante".
En los 3 Nombres, F. S. y Espíritu Santo. Padrenuestro.

Este texto es un encantamiento o conjuro que describe a Jesús y a San Pedro resucitando a un hombre que ha muerto por la picadura de una serpiente, simbolizando el poder milagroso de Jesús y la fe cristiana para superar incluso la muerte. La estructura del relato sugiere que es parte de una tradición oral de curaciones milagrosas.

Nº 132.

La oración del cazador.

Publicado en Theologisk Tidsskrift. R. II, B. X, Página 186.
Urskog, 1815.

Nuestro Señor Jesús caminó hacia una trampa de cazadores;
allí estaba un cazador apoyado y llorando amargamente.
"¿Por qué lloras tan intensamente?"
"Debo llorar, no puedo atrapar a las aves,
al eider, a la perdiz, a la liebre
ni a ningún tipo de caza salvaje".
Nuestro Señor Jesús dijo:
"ven y siéntate, te enseñaré cómo desbloquear y actuar,
para que puedas atrapar al eider, a la perdiz, a la liebre,
y a todo tipo de caza salvaje".
En los 3 Nombres: F. S. y H.

Este texto parece ser una oración o conjuro para ayudar a un cazador en su oficio. Jesús se encuentra con un cazador desesperado que no puede cazar con éxito y le ofrece enseñarle cómo tener éxito en su tarea. La oración termina con una invocación de los tres nombres de la Trinidad cristiana (Padre, Hijo y Espíritu Santo). La historia refleja la creencia en la intervención divina en las actividades diarias y la idea de que la fe puede proporcionar soluciones a los problemas cotidianos. Hay que tener en cuenta que la caza era medio de supervivencia en aquella época, no como en la actualidad.

Nº 133.

Conjuro para el dolor de muelas.

(Registrada según la tradición oral por Moltke Moe).
Be (Telemarken), 1878.

Estaba sentado un hombre sobre una piedra,
balanceándose y sufriendo.
Llegó el Señor Jesús y preguntó:
"¿Qué te aflige?"
"Gusanos y dolor han subido a mis dientes".
En el Nombre de G.F.H.S.S.

Este texto es una oración o un conjuro popular para aliviar el dolor de muelas. La narrativa describe a un hombre que sufre por un dolor en los dientes, posiblemente causado por caries ("gusanos" en los dientes era una forma antigua de describir las caries). La llegada de Jesús y su intervención sugieren la búsqueda de alivio o curación a través de la fe y la oración. "G.F.H.S.S." se refiere a la Santísima Trinidad.

Nº 134.

Conjuro de protección.

(Registrado por Th. von Westen en Veø en Romsdal c. 1714. Publicado anteriormente en la Historia de las Misiones de Hammond, Página 119, y por Thiele, Leyendas Populares III, 99-100).

Veø (Romsdal), c. 1714.

En harina o sal, que debe aplicarse o ingerirse.

Padrenuestro antes y después.

Jesús caminaba por el camino;
allí se encontró con la Serpiente.
"¿Dónde planeabas ir?", dijo el Señor Jesús.
La Serpiente respondió: "A donde hay debilidad".
Entonces el Señor Jesús dijo:
"Te haré volver, te enviaré de regreso a casa",
respondió el Señor Jesús. Jesús dijo: "Te enviaré a la montaña azul,
allí te quedarás
mientras el mundo exista".
"Te ataré", dijo el Señor Jesús, "con mis 10 dedos
y con 12 ángeles de Dios en los 3 Nombres: Dios Padre, Dios Hijo y Dios
Espíritu Santo. Amén".

Este texto es un conjuro destinado a proteger de lo negativo. Jesús se encuentra con la personificación de la enfermedad o del mal (la serpiente) y la somete, enviándola lejos y así asegurándose que los débiles serán protegidos. La referencia a "en harina o sal" sugiere que el conjuro podría acompañarse de un remedio físico que involucre estos ingredientes. La oración concluye con una invocación de la Trinidad Cristiana para sellar el acto de sanación o protección.

Nº 135.
Para aliviar el dolor.
Fron (Gudbrandsdal), c. 1750.

Nuestro Señor Jesús y San Pedro caminaban por Nordenfjeld.
Entonces apareció el dolor.
No hubo fractura de hueso ni en mano ni en pie.
"Dolor", dijo nuestro Señor;
"deberás ir a ese agua donde no llegan ni personas ni animales;
allí estarás en el tronco y en la piedra,
sin dañar a ningún hombre".
En los 3 Nombres.

Este texto es un conjuro o una oración para aliviar el dolor, que podría ser una forma de dolencia o enfermedad específica de la región o época. La historia describe a Jesús y San Pedro encontrándose con esta dolencia o entidad mientras viajan. Jesús dicta que esta dolencia o entidad deberá ser enviada a un lugar apartado, en el agua, transformada en algo inofensivo como un tronco o una piedra, asegurándose de que no dañe a las personas.

Nº 136.
Contra la hemorragia.
Jeløen (Rygge), c. 1780.

Jesús y San Pedro iban caminando,
se encontraron con la hemorragia.
"¿Adónde te diriges?" preguntó Jesús.
Ella dijo:
"Iré a N.N. y desgarraré y quebraré cartílagos y huesos, venas, carne y tendones".
"No," dijo Jesús,
"deberás regresar a una piedra fija, y no dañarás a nadie más".
Y bajo este signo †, tú, N.N., serás curado y sanado:
† ἐν τῷ Κύριο.*

La historia cuenta cómo Jesús confronta y devuelve esta aflicción a un lugar donde no puede hacer más daño. La referencia a "† ἐν τῷ Κύριο" es una invocación religiosa en griego que significa "en el Señor", comúnmente usada

en contextos cristianos, lo que implica que la sanación se hace en el nombre o por la autoridad del Señor.
* *"ἐν τῷ Κύριο" es una transcripción al griego de la frase "en el Señor".*

Nº 137.
Contra el Mosot, la ictericia y el tifus.
Jeløen (Rygge), c. 1780.

Jesús y San Pedro iban por el camino, cuando se encontraron con
Mosot, Ictericia y Tifus.
Entonces nuestro Señor preguntó a dónde iban.
Dijeron: a N.N.
"No," dijo Jesús, "yo te conjuro bajo tierra y piedra".
Y esto se cumplirá y sucederá en el Nombre del Padre, del Hijo y del Espíritu Santo.

"Mosot" podría referirse a una enfermedad específica, posiblemente relacionada con la debilidad o fuerza. La frase final implica que Jesús ejerce su poder para prohibir estas enfermedades de afectar a la persona nombrada, una forma de curación o protección espiritual.

Nº 138.
Exorcismo contra la Mosot.
Jeløen (Rygge), c. 1780.

Jesús y San Pedro caminaban; encontraron a la desagradable Mosot.
Entonces ella dijo: "Voy a (N.N.) para quitar la fuerza y el poder".
"No", dijo nuestro Señor,
"debes regresar a una piedra
y no hacer daño a nadie.
Yo te exorcizo de su corazón y pulmones,
yo te exorcizo de sus riñones y lengua,
de sangre en la tierra, tierra, tierra".
F.S.H.

En este fragmento, "Mosot" parece personificar alguna forma de aflicción o enfermedad que amenaza con quitar la vitalidad o fuerza ("Huld og Magten") de una persona. La respuesta de Jesús es un conjuro que destierra esta aflicción a una "piedra", simbolizando la inmovilidad y la impotencia, y luego procede a exorcizar la enfermedad de varios órganos del cuerpo, terminando con una fórmula trinitaria que invoca el poder curativo de la fe cristiana. Las iniciales F. S. H. se refieren probablemente a "Fader, Søn og Helligånd" que en español significa "Padre, Hijo y Espíritu Santo".

Nº 139.
Conjuro contra un mal enviado.

Jeløen (Rygge), c. 1780.

Jesús caminaba por llanura
y se encontró con la desagradable negatividad.
Jesús la agarró con la mano y dijo:
"Ahora todo volverá al que te envió,
bajo la raíz de su corazón,
bajo la raíz de su hígado,
entonces debes pudrirte,
entonces debes desaparecer."
F.S.H.

De nuevo las letras "F. S. H." que son la abreviatura de las palabras "Fader, Søn, Helligånd", que en español significa "Padre, Hijo y Espíritu Santo".

Nº 140.
Conjuro contra la Kværsil y retorno al origen.

Eker
c. 1800 o c. 1850.

Jesús y San Pedro iban caminando.
Entonces se encontraron con la desagradable Kværsil.
"¿A dónde vas?" dijo Jesús.
"Voy a casa de N.N., donde conseguiré huesos que romper,
carne que desgarrar,
sangre que beber,
y tendones que romper".
"No, no lo harás," dijo Jesús.

"Deberás regresar al que te envió,
te conjuro debajo de palos y piedras,
sí, te conjuro bajo la piedra más grande
en el fondo del océano".
En el Nombre del Padre, del Hijo y del Espíritu Santo.
Padre Nuestro 3 veces.

"Kværsil" es una entidad o concepto que está relacionado con el malestar o una aflicción. En los textos antiguos a menudo se personificaban enfermedades, dolencias o tipos de sufrimiento como entidades que podían ser enfrentadas, conjuradas o curadas por figuras sagradas o mediante el uso de fórmulas mágicas. Recuerdo lo explicado en las páginas iniciales sobre la personalización de las fórmulas. En este caso puedes sustituir Kværsil por lo que desees eliminar.

Nº 141.
Contra Flismo.

(After Aarflot, Landboblad for 1811. Página 94.
Impreso en Theol. Tidsskrift R. II B. X, Página 172).
Søndmøre, 1811.

Jesús caminó por la arena blanca
Flismo llegó desde el mar.
"¿A dónde vas?" dijo Jesús.
"Iré a Middelheim a chupar sangre y romper huesos.
"Te haré volver y una vez más te desterraré junto con el mismo hombre que te envió; te mandaré al fondo del mar bajo una piedra,
y allí estarás hasta el Día del Juicio y no dañarás a ningún hombre".

Flismo podría referirse a una enfermedad o una fuerza malévola, y el encanto es acerca de exorcizar o desterrar esta fuerza. "Middelheim" podría ser un nombre de lugar. Los términos y el contexto sugieren un antiguo encanto utilizado para la protección o la curación, invocando la intervención divina para combatir la enfermedad o el mal.

Nº 142.
Contra Igt.

Registrado en Søndmøre después de la tradición oral de Aarflot.
Landboblad c. 1811, Página 94.
También impreso en Theol. Tidsskrift R. II, B. X, Página 173.
Søndmøre, 1811.

Jesús y María iban caminando sobre un amplio puente,
se encontraron con el sirviente de Igt, el maligno.
"¿A dónde vas?" dijo Jesús.
"Voy a Bygdeheim,
a romper el ternero, la vaca y el hueso".
"No lo harás," dijo Jesús,
"te devolveré de donde viniste," dijo Jesús,
"te pondré bajo la cerca y la puerta,
bajo el tronco y la piedra,
para que no le hagas mal a ningún hombre".
En el Nombre de la Trinidad.

La palabra "Igt" es una entidad relacionada con el maligno. "Bygdeheim" podría ser un nombre de lugar.

Nº 143.
Contra la pústula roja.

Urskog, 1815.

Nuestro Señor Jesús y San Pedro iban caminando y se encontraron
con la Pústula Roja.
"¿A dónde vas?" dice Nuestro Señor Jesús.
"Al pueblo más cercano,
a romper huesos,
a succionar sangre
y a morder la carne".
"No", dijo Jesús, "te conjuro desde los huesos y en carne y sangre,
desde la carne y la sangre y en la piel y hasta el tormento del Infierno".
En el Nombre de la Trinidad.

Conjuro para proteger o curar de alguna infección o enfermedad relacionada con la piel.

Nº 144.
Conjuro contra el mal.
Urskog, 1815.

Nuestro Señor Jesús iba por el camino y tras Él venían personas negativas.
"¿Qué camino tomaréis?" dijo Jesús.
"Estamos enviados a un hombre, a por sus caballos, ganado y ovejas".
Jesús se enfrentó a ellos con las manos extendidas,
tosió y les ordenó que regresaran:
"regresar a aquel que os envió.
Deberéis cruzar las olas azules,
donde ni la hoja ni la hierba crecen;
deberéis quedar bajo una piedra fija en la tierra
y no causar daño a él o a sus caballos,
ganado y ovejas".
Inmediatamente después de hacerlo,
habrá curación en ese mismo momento.
En el Nombre del Padre, del Hijo y del Espíritu Santo.

Este texto parece ser una oración o conjuro para proteger al ganado y los animales de una persona de algún tipo de mal o daño. Se invoca a Jesús para que ordene a las fuerzas malignas que regresen al lugar de donde vinieron y promete que habrá una curación inmediata.

La palabra "hoster" (tosió) en el contexto original puede ser interpretada como una forma de expulsión o rechazo de algo, como si se estuviera expulsando el mal. En muchos rituales o prácticas espirituales, el acto de toser o realizar un sonido similar a menudo simboliza la expulsión de energías negativas o entidades no deseadas. Por lo tanto, una interpretación alternativa a "tosió" podría ser "expulsó" o "rechazó", haciendo referencia a un acto simbólico de Jesús para alejar el mal.

Nº 145.
Conjuro contra la artritis.
Gudbrandsdal, c. 1830.

El Señor Jesús avanzaba por el camino;
allí se encontró con la Artritis.
"¿A dónde vas?" dijo el Señor Jesús.
"Quiero ir y succionar y romper huesos pequeños".
"No lo harás", dijo el Señor Jesús,
"yo soy el hombre que te devolverá al mar rojo, allí estarás
hasta el Día del Juicio".
En el Nombre del Padre, del Hijo y del Espíritu Santo. Amén.

Conjuro para combatir la artritis, invocando la ayuda de figuras sagradas para alejar el dolor y la enfermedad.

Nº 146
Conjuro contra la artritis.
Nordfjord, 1862.

Jesús y María caminaban por la arena blanca;
entonces la artritis llegó flotando a tierra.
"¿A dónde te diriges?" preguntó Jesús.
"Voy a Middel Heim,
a chupar sangre y a romper huesos".
"No", dijo Jesús, "no vas a ir;
te enviaré a una montaña muy alta
durante tres días y tres noches".
En el Nombre del Padre, del Hijo y del Espíritu Santo.
Padrenuestro tres veces.

Este conjuro parece ser una variación del anterior y sigue una estructura similar: Jesús interroga a la enfermedad (personificada como artritis) y le prohíbe dañar a las personas, desterrándola a un lugar remoto. En este caso, la artritis es enviada a una montaña alta por un período de tres días y tres noches.

Nº 147.
Conjuro contra la artritis.
Nordfjord, 1862.

Jesús se acercó a la orilla; allí se encontró con la artritis en la arena.
"¿A dónde te diriges, tú que caminas, vil soldado?", preguntó.
"Voy a Middel Heim,
a succionar sangre y a quebrar huesos".
"Te haré regresar al que te envió;
atravesarás el mar, correrás por el río,
arderás en el fuego".
En el Nombre del Padre, del Hijo y del Espíritu Santo.

Este conjuro parece ser otro intento de usar la intervención divina para detener los efectos de la artritis. Jesús confronta a la personificación de la enfermedad y declara que la enviará de vuelta a su origen, pasando por el mar, el río y el fuego, lo que sugiere una purificación o erradicación de la enfermedad. La mención de "En el Nombre del Padre, del Hijo y del Espíritu Santo" es una invocación de la protección y el poder de la Trinidad cristiana sobre la enfermedad.

Nº 148.
Conjuro contra la erisipela.
A. Heyerdahl, Urskog, 1882.

El Señor Jesús iba caminando;
entonces se encontró con la maligna erisipela.
"¿A dónde vas?" dijo Jesús.
"Voy a Neseby a chupar sangre
y a desgarrar la carne".
"No, debes retroceder", dijo Jesús,
"al bosque,
donde ningún hombre vive, y al lago,
donde ningún hombre rema".

En este conjuro, Jesús se encuentra con la personificación de la enfermedad de la piel conocida como erisipela y le ordena regresar a un lugar solitario y deshabitado, lejos de las personas a las que podría dañar. La referencia a "el bosque donde ningún hombre vive" y "el lago donde ningún hombre rema" simboliza la exclusión y aislamiento de la enfermedad, impidiendo así su propagación o efecto sobre las personas.

Nº 149.
Contra la ictericia.
Heyerdahl, Urskog, 1882.

Mientras Jesús avanzaba por el camino, se encontró con un hombre
con un bastón en la mano y una cinta amarilla.
"¿A dónde te diriges?" preguntó Jesús.
"Voy a la granja del campesino
a contagiar la ictericia",
respondió el hombre.
Entonces Jesús lo exorcizó y lo envió bajo una piedra fija en la tierra
para que no dañara a ningún hombre.

La ictericia, conocida comúnmente como coloración amarilla de la piel y los ojos, es a menudo símbolo de enfermedad o mala salud en diversas culturas. El uso de la cinta amarilla y la mención de la ictericia podría simbolizar una forma de transmitir o representar la enfermedad. Jesús, en respuesta, exorciza al hombre bajo una piedra fija en la tierra, una acción simbólica de suprimir o contener el mal o la enfermedad, asegurando que no cause daño a nadie.

Nº 150.
Contra la enfermedad.
Ringerike, 1885.

El Señor Jesús y la Virgen María caminaban por el camino; allí se encontraron
con un hombre aquejado por la enfermedad.
"¿Por qué estás tan pálido, por qué estás tan azul?"
"Debo estar pálido, debo estar azul, porque la enfermedad me ha quebrantado
durante nueve años completos".
"Siéntate", dijo el Señor Jesús;
"yo mismo te curaré de la enfermedad desde la carne hasta la tierra,
y desde la tierra hasta la piedra y el leño.
N.N., a quien yo he tratado no sufrirá daño ni aflicción".
En el nombre del Padre, del Hijo y del Espíritu Santo.

El texto se refiere a un encuentro entre Jesús, María y un hombre que ha sido afligido por una enfermedad durante nueve años. Jesús se ofrece a sanarlo, asegurando que la curación que él proporciona no traerá oscuridad ni daño, y lo hace en nombre de la Santísima Trinidad.

Nº 151.
Para el dolor de huesos.
Ringerike, 1885.

Nuestro Señor Jesús iba por el camino;
Ahí se encontró con el dolor de huesos al borde del camino.
"¿A dónde vas?" preguntó Nuestro Señor Jesús.
"Voy por encargo del que me envió.
Quiero entrar en la piel de los hombres, en la carne de los hombres,
en los huesos de los hombres,
y ahí planeo enfermar y causar dolor, y les haré mucho daño".
"No", dijo Nuestro Señor Jesús;
"saldrás de los huesos de los hombres,
de la carne de los hombres,
de la piel de los hombres.
Serás empujado hacia un arroyo que corre hacia el norte".
En el nombre del Padre, del Hijo y del Espíritu Santo.

Estas primeras líneas establecen el contexto de un encuentro entre Jesús y una entidad que representa el dolor de huesos. Jesús se enfrenta y le ordena dejar el cuerpo humano. Expulsa a ese mal a un lugar donde no pueda dañar.

Nº 152.
Contra la envidia en los animales.
Fron (Gbdl.), c. 1750.

Jesús viajaba sobre un puente,
allí se encontró con una vaca
que mugía muy agitada.
Jesús preguntó:
"¿Por qué estás agitada y muges?"
"Han succionado la sangre de mi cuerpo,
la carne de mis huesos,
la médula de mis miembros,
la leche de mis ubres".

"Ten mi bendición", dijo Jesús;
"Te curaré de la Envidia y el Engaño con mis diez dedos
y mis doce Ángeles de Dios,
así recuperarás sangre en el cuerpo,
carne en los huesos,
médula en los miembros,
y leche en las ubres.
La leche será pura
y la crema será rica".

En este caso específico, el texto trata sobre un hechizo o bendición para curar la envidia y el mal de ojo dirigido a los animales, en particular a las vacas, que eran vitales en las sociedades agrarias por su leche y carne. En este contexto, la envidia es vista como una fuerza malévola que puede causar daño físico real a los animales, drenando su vitalidad y recursos físicos como la sangre y la leche. La intervención de Jesús, utilizando sus dedos y la ayuda de ángeles, sugiere un acto de curación divina. La recuperación de la vaca de su estado debilitado a un estado de salud y abundancia (carne en los huesos, médula en los miembros, leche en las ubres) simboliza la restauración de la salud y la prosperidad.

Nº 153.
Para proteger las propiedades.

(Escrito por Th. von Westen Angell.
Manuscrito No. 467 Qv. Biblioteca Universitaria.
Lindaas, c. 1753.

Jesús, el Hijo de Dios, me dio la leche para agitar.
La Virgen María me pidió que creara la mantequilla.
"¿Qué estás haciendo?" preguntó Jesús.
"Estoy aquí agitando, mi Señor."
"Voy a bendecir tu leche," dijo Jesús;
"Voy a bendecir tu crema," dijo Jesús;
"Voy a bendecir y proteger tu mantequilla de las manos de las brujas y de los enemigos,
de todos los que os pueden traicionar".

Este texto refleja una práctica y creencia popular en la que se invoca a figuras religiosas, en este caso Jesús y la Virgen María, para bendecir y proteger las actividades diarias y los recursos, como la leche y sus derivados (crema y mantequilla). La referencia a proteger estos productos "de las manos de las brujas, de los enemigos, de todos los que pueden traicionar" indica la preocupación por las influencias maliciosas o dañinas, ya sea por envidia, maleficios o traiciones.

Nº 154.
Para curar a los animales que han sido embrujados.

Jeløen (Rygge), c. 1780.

La Virgen María estaba sentada en una piedra;
su vaca se acercó llorando.
Ella preguntó: "¿Por qué lloras?"
La vaca respondió:
"Debo llorar; porque han robado el cerebro de mi cabeza,
han succionado la médula de mis huesos,
han succionado la leche de mis ubres".
"No llores," dijo la Virgen María,
"te devuelvo el cerebro en tu cabeza,
la médula en tus huesos, la leche de tus ubres;
no permitiré que la brujería te domine.
Por el poder de mi Hijo, en el Nombre del Padre,
del Hijo y del Espíritu Santo".
3 veces Padre Nuestro.

Este texto refleja una creencia en la intervención mágica divina para la protección y curación de los animales, particularmente el ganado, que era vital para la subsistencia en muchas comunidades. La descripción de la vaca que ha sido dañada de diversas maneras, posiblemente a través de actos de brujería o maleficio (representados como el robo de cerebro, médula y leche), muestra la importancia de proteger los recursos valiosos de la granja. La Virgen María es invocada para revertir estos daños y proteger a la vaca de futuras amenazas, destacando la fusión de la fe religiosa con las preocupaciones prácticas de la vida rural.

Nº 155.
Para la recuperación de poder y fuerza en caballos y personas.
Jeløen (Rygge), alrededor de 1780.

Jesús y María iban caminando y encontraron un caballo gris llorando,
jadeando, suspirando y gimiendo.
Le preguntaron: "¿Por qué lloras, jadeas y suspiras tan profundamente?"
"Debo llorar, jadear y suspirar; porque me han robado el ánimo y la fuerza,
y la médula de mis huesos".
"¡No jadees, no llores, no suspires!
Te devuelvo el ánimo y la fuerza,
y la médula en tus huesos,
por el poder de mi Hijo".
En el Nombre del Padre, del Hijo y del Espíritu Santo.

Este texto ilustra un tema recurrente en muchos textos antiguos: la figura de Jesús y María proporcionando consuelo y curación milagrosa. En este caso, se aborda el tema de la pérdida y la recuperación de la vitalidad física y espiritual (representado por "el ánimo y la fuerza, y la médula de los huesos"). La interacción entre Jesús, María y el caballo gris refleja la creencia en el poder curativo y protector de las figuras divinas, no solo para los seres humanos, sino también para los animales, que eran esenciales en muchas sociedades agrarias.

Nº 156.
Para dolencias en el ganado.
Vestre Slidre, alrededor de 1780.

La Virgen María y Jesucristo iban caminando;
allí se encontraron con su ganado y caballos,
los cuales estaban llorando.
"¿Por qué lloráis?", les preguntó ella.
"Ciertamente debemos llorar; nos han robado el cuerpo,
la salud, la fuerza y el poder".
"No lloren", les dijo.
"Les devolveré su ánimo y poder, su salud y fuerza,
en el Nombre del Padre, del Hijo y del Espíritu Santo".

El texto representa no solo al ganado que era muy valioso, sino que puede interpretarse y adaptarse para las personas. En este caso (como en muchos otros conjuros citados) puedes sustituir "su ganado y caballos" por las personas a proteger.

Nº 157.
Conjuro para recuperar la suerte robada.

Vestre Slidre, c. 1780.

La vaca caminaba por las montañas y valles.
Se encontró con nuestro Señor Jesús.
"¿Por qué lloras?", dice Jesús.
"Debo hacerlo, porque mi suerte me ha sido robada por un hombre hechicero
y por aquellos que me han engañado de todas las formas".
"Quédate quieta", dice Jesús,
"soy el hombre que puede darte alivio con tu propio poder.
Debes ser nutrida por la alimentación de Jesús,
beber de los arroyos de Jesús
y servir al granjero con beneficios todos los días que vivas.
Te devuelvo la saciedad al morro, la frescura de nuevo en la ubre,
las astas de nuevo en los cuernos, el pelaje de nuevo;
bajo tu piel habrá carne como ciruela".

La descripción de la vaca recibiendo la nutrición y los cuidados de Jesús simboliza no solo la restauración física, sino también la espiritual y moral. Además, la mención de la "vaca robada de su fuerza" puede ser una metáfora de la recuperación de la suerte o fortuna que ha sido injustamente quitada, y la promesa de Jesús de restaurarla indica la creencia en la justicia divina y la protección contra la maldad y el engaño.

Nº 158.

Conjuro para recuperar la energía vital robada.

Skaabu (Fron, Gudbrandsdal), c. 1800.

El Señor, mientras caminaba por el camino,
se encontró con un caballo marrón.
"¿Por qué lloras tan amargamente?"
"Debo llorar. Personas malvadas han tomado la médula de mis huesos,
la sangre de mis miembros, y la fuerza de mi cuerpo".
"Ve", dijo el Señor Jesús,
"recibirás médula en tus huesos,
sangre en tus miembros y fuerza en tu cuerpo".
En el Nombre de Dios Padre, Hijo y Espíritu Santo.

El caballo, como símbolo de fuerza y resistencia, al recuperar su vitalidad gracias a la intervención divina, representa la esperanza y la renovación. La acción de Jesús de devolver la médula, la sangre y la fuerza al caballo también simboliza la restauración del bienestar y el equilibrio natural, que han sido alterados por acciones malintencionadas. La mención de "personas malvadas" que roban la fuerza vital del caballo podría interpretarse como una metáfora de las fuerzas negativas o la maldad que drenan la energía y la vitalidad, y la capacidad de Jesús para revertir esto simboliza la victoria del bien sobre el mal.

Nº 159.

Conjuro para recuperar la energía robada.

Urskog, 1815.

El Señor Jesús y la Virgen María iban caminando;
encontraron un rebaño llorando lágrimas de sangre.
"¿Qué les aflige?", preguntó la Virgen María *al pastor.*
"Mi rebaño ha sido robado de su fuerza y su sangre,
toda su fuerza y poder se han ido".
"Quédate", dijo María,
"te daré cebada y leche noble;
recibirás de nuevo fuerza y poder, valor y sangre".
En el Nombre del Padre, el Hijo y el Espíritu Santo.

La envidia, la brujería y las artes del diablo, las devolveré al que las envió;
a través de las raíces de los dientes,
a través de las raíces de la lengua,
allí se quedarán hasta que no sean nada,
el ganado y las criaturas no sufrirán daño.
Inmediatamente después de hacer esto, habrá curación en el Nombre del Padre,
el Hijo y el Espíritu Santo.

La mención del rebaño llorando lágrimas de sangre sugiere una profunda angustia y una pérdida grave, probablemente de vitalidad o bienestar. La intervención de María, ofreciendo cebada y leche noble (simbolizando nutrición y riqueza), y prometiendo restaurar la fuerza, el valor y la sangre, implica una restauración no solo física sino también espiritual y moral. El texto también toca el tema de la justicia divina, donde aquellos que han causado daño serán enfrentados y retribuidos. La referencia a la envidia, la brujería y las artes del diablo sugiere un conflicto entre el bien y el mal, donde las figuras sagradas actúan como protectores y restauradores del orden natural y moral.

Nº 160.
Conjuro para recuperar la fuerza robada.
Urskog, 1822.

El Señor Jesús y la Virgen María caminaban por un prado verde;
se encontraron con un caballo que resoplaba y relinchaba.
"¿Por qué resoplas y relinchas?"
"Debo resoplar y relinchar; me han quitado mi valor y mi fuerza".
"¡Jesús, mi querido hijo! Libera a este caballo del robo de su valor y fuerza
y de todo lo que es malo".
En el Nombre del Padre, del Hijo y del Espíritu Santo.

El caballo, que simboliza a un ser que ha perdido su fuerza y vitalidad, busca ayuda. La invocación a Jesús por parte de María destaca la intercesión y el poder de sanación atribuido a estas figuras religiosas. La mención del robo de valor y fuerza sugiere la creencia en fuerzas externas o malignas que pueden afectar negativamente a los seres vivos. La súplica final, hecha en el nombre de la Trinidad, refleja la fe en el poder de lo divino para restaurar y proteger.

Nº 161.
Conjuro para recuperar la fuerza robada.
Urskog, 1815.

Llevé mi caballo al prado verde;
Allí me encontré con la Virgen María y Jesucristo, tan hermosos y radiantes.
Me preguntaron por qué lloraba.
"Mi caballo ha sido despojado de su fuerza, ha sido robada".
"Yo curaré eso", dijo Cristo;
"ahí tienes tu poder, ahí tienes tu fuerza,
ahí tienes tu vigor;
nadie te traicionará más.
Todo el odio y la envidia regresarán al mismo hombre que la envió".
En el Nombre del Padre, del Hijo y del Espíritu Santo.

Este texto representa una escena de sanación y restauración. El encuentro con figuras divinas en un entorno natural subraya la conexión entre lo sagrado y el mundo natural. La mención de que todo el odio y la envidia regresarán a su originador se interpreta como una forma de justicia divina o un mecanismo de equilibrio moral.

Nº 162.
Conjuro contra la envidia.
Urskog, 1815.

Se lee 3 veces en sal y se administra en ayunas, pero no en sábado,
preferiblemente en domingo, jueves y viernes.

La Virgen María fue a ver a una vaca que había parido.
Luego se acerca al pequeño Cristo y dice:
"¡Levántate, pequeño Cristo! Nuestra vaca ha parido y muge,
como si se le hubiera ido la leche."
El pequeño Cristo se levanta y va hacia su vaca:
"Aquí tienes tu fuerza, aquí tienes tu leche,
que será amarilla como la flor de un huevo.
Todo el odio y la envidia deberán cesar;
todo el odio y la envidia regresarán a la persona que la envió".
En el nombre del Padre, del Hijo y del Espíritu Santo. Padre Nuestro.

La idea de que todo el odio y la envidia sean redirigidos a su originador es una temática recurrente, sugiriendo un deseo de protección contra la maldad y la envidia de otros. La práctica de leer el conjuro en sal y administrarlo en ayunas, así como los días específicos para hacerlo, es un ejercicio de magia ritual.

Nº 163.
Conjuro para recuperar la fuerza robada.
Urskog, 1815.

Se lee 3 veces en sal y se administra al caballo o a la vaca.

Solté a mi caballo en el prado, y apareció el despreciable hechicero.
Él ha robado la fuerza del caballo,
ha succionado la médula de sus huesos y la sangre de su carne.
"Yo mismo te curaré," dijo Jesús, el Hijo de Dios.
"Con mis 10 dedos, los 12 Apóstoles y los Ángeles de Dios.
Deberás pasar hechicero por fuego y agua,
deberás romperte en pedazos hasta el fin del Infierno;
no encontrarás alivio ni descanso entre montañas y valles
hasta que este caballo se recupere".
En el nombre de tres hombres: Padre, Hijo y Espíritu Santo.
Amén. Y el Padre Nuestro.

Este texto refleja un intento de sanación para un caballo que ha sido afectado negativamente, presumiblemente por la envidia o el mal de ojo. La intervención de Jesús, invocando su poder divino y el apoyo de los apóstoles y los ángeles, es una petición para restaurar la salud y el bienestar del animal. El uso de sal en el ritual y la repetición del conjuro tres veces resaltan la naturaleza ritualística de la curación. La descripción del sufrimiento que debe soportar el causante del daño ("deberás pasar por fuego y agua...") sugiere una creencia en la justicia divina.

Nº 164.
Para un caballo afectado por la envidia.
Urskog, 1815.

El Señor Jesús iba caminando;
Allí se encontró con un caballo afectado por la envidia.
Entonces tomó todo el valor y la sangre de él
y curó al caballo con su propio valor y sangre.
En el nombre del Padre, del Hijo y del Espíritu Santo.

Este texto sugiere un acto de curación realizado por Jesús para un caballo que ha sido afectado negativamente, posiblemente por la envidia o un maleficio. El gesto de Jesús de tomar el "valor y la sangre" del caballo y luego curarlo con su propia esencia ilustra la creencia en el poder sanador y milagroso de Jesús.

Nº 165.
Conjuro contra una maldición o mal de ojo.
Publicado en Theol. Tidsskrift R. II, B. X Página 177.
Urskog, 1822.

Santa Sunniva llegó a casa, lamentándose y quejándose:
"Mi vaca ha sido maldecida."
"¿La has curado?" pregunta el Señor Jesús.
"No", dijo la Virgen María,
"Yo misma la protegeré
de los ojos del hombre malvado y envidioso
de los dientes del hombre malvado y envidioso,
de todo lo que es malo, de todo lo que vuela entre el Cielo y la Tierra."
En los 3 Nombres.

Este texto refleja una narrativa en la que Santa Sunniva, un personaje del folclore religioso, se lamenta por una vaca que ha sido robada o afectada por la envidia. Jesús pregunta si se ha realizado la curación, a lo que la Virgen María responde que ella misma realizará la curación. La curación implica proteger a la vaca de la influencia negativa de personas envidiosas o dañinas, mencionando específicamente los ojos y los dientes, lo que sugiere la idea de que la envidia o el mal de ojo pueden causar daño. Este conjuro combina elementos del cristianismo con supersticiones populares, reflejando una creencia en el poder del mal de ojo y la necesidad de protección espiritual.

Nº 166.
Conjuro para recuperar la vitalidad robada.
Gudbrandsdal, alrededor de 1830.

La vaca estaba en el prado llorando profundamente.
La Virgen María se acercó caminando.
"¿Por qué lloras tanto?" preguntó.
"Debo llorar, he sido despojada de mi vitalidad:
Me quitaron la fuerza de mis cuernos,
la carne bajo mi piel, la fuerza de mi cuerpo,
la frescura de mi ubre, la leche de mis pezones."
La Virgen María se sentó sobre una piedra firme y dijo:
"Yo misma te curaré con mis diez dedos de Dios y los doce ángeles de Dios:
recuperarás la fuerza en tus cuernos,
la carne bajo tu piel, la médula en tus huesos,
la frescura en tu ubre, y la leche en tus pezones,
todo en el nombre del triple Dios".

Este texto refleja una práctica de curación espiritual en la que se le pide a la Virgen María que restaure la salud y la vitalidad a una vaca que ha sido despojada de su fuerza y vitalidad. La vaca, siendo un animal valioso en una comunidad agraria, simboliza la prosperidad y el bienestar. La invocación de los "diez dedos de Dios" y los "doce ángeles de Dios" sugiere una intervención divina poderosa y completa para la curación. Además, la mención del "nombre del triple Dios" refuerza la idea de una curación milagrosa realizada a través de la autoridad divina de la Trinidad cristiana.

Nº 167.
Conjuro para recuperar la vitalidad robada.
Escrito según Lørdags-Aftenblad 1865, Página 50.
Solør, 1865.

La Virgen María, San Pedro y nuestro Señor Jesucristo iban caminando,
y se encontraron con una vaca.
Le preguntaron a la vaca por qué estaba afligida.
"Lloro por el robo de mi médula y sangre,
el robo de mi fuerza,
el robo de mi leche y el robo de mi poder".

"No llores, mi vaca, te daré harina y sal,
fuerza en tu piel, médula en tus huesos y leche en tu ubre,
todo tu ánimo, poder y fuerza retornarán,
toda la bendición de Dios y ánimo, poder y fuerza de nuevo".
En el Nombre del Padre, etc.
El Padre Nuestro se debe rezar tanto antes como después.

Este pasaje refleja una narrativa en la que la vaca, un animal significativo en la agricultura y en muchas culturas, ha sido despojada de sus elementos vitales o 'robada' de su esencia vital por medios mágicos negativos.

Nº 168.
Conjuro contra fuerzas negativas.

Ringerike, 1885.

Nuestro Señor Jesús iba caminando cuando se encontró
con una vaca que mugía y hacía ruido.
"¿Por qué muges?" preguntó Nuestro Señor Jesús.
"Debo mugir; me han robado los cuernos,
me han robado el pelo, me han robado las pezuñas,
y la leche de mi ubre", dijo la bendita vaca.
"El que haga tal cosa", dijo Nuestro Señor Jesús,
"deberá secarse como el árbol,
quemarse como la madera y ser arrojado al abismo".
En el Nombre del Padre, del Hijo y del Espíritu Santo.

La vaca, al describir sus pérdidas, simboliza el daño causado por fuerzas oscuras o malévolas. La respuesta de Jesús es un conjuro de justicia y restauración, donde el mal es castigado y el orden natural restaurado.

Nº 169.
Para la recuperación del poder robado.
Ringerike, 1885.

Para leer en sal y dar a los animales.
Nuestro Señor Jesús iba caminando sobre un terreno ardiente;
allí se encontró con un caballo gris, suspirando,
oliendo mal, llorando y sufriendo.
"¿Por qué suspiras, hueles mal y lloras tanto?" preguntó Nuestro Señor Jesús.
"Debo suspirar, oler mal, llorar y sufrir.
Me han robado el valor y el poder,
la médula de mis huesos,
la carne de mi cuerpo".
"No suspires, no huelas mal, no llores, no sufras.
Te daré valor y poder, médula en tus huesos,
carne en tu cuerpo, para que nunca más te fallen".
En el Nombre del Padre, del Hijo y del Espíritu Santo.

Esta entrada representa un encuentro entre Jesús y un caballo gris que sufre debido a la pérdida de su fuerza y vitalidad, simbolizados por la médula y la carne de su cuerpo. El caballo, a través de su sufrimiento, expresa el daño causado por la pérdida de su esencia vital, una metáfora del robo de la fuerza vital o energía espiritual. La intervención de Jesús simboliza la restauración y la curación, ofreciendo no solo alivio físico sino también una renovación espiritual. La mención de la sal en el contexto de la curación es interesante, ya que la sal ha sido históricamente considerado como un elemento purificador y protector en varias culturas y prácticas mágico espirituales.

Nº 170.
Conjuro para recuperar la vitalidad robada.
Ringerike, 1885.

Para leer en crema agria y ungüento y aplicar en los animales.

La Virgen María estaba afuera;
vio que su bendita vaca se acercaba llorando y gimiendo.
"¿Qué te pasa, mi bendita vaca, que vienes llorando y gimiendo?"
"Debo suspirar y mugir, debo gemir y sollozar.

Me han succionado la médula de mis huesos,
la frescura de mi ubre, la leche de mis pechos,
la comida de mi boca".
"Quédate quieta, mi bendita vaca;
mantén el pie firme, mantén la raíz de la hierba.
Recibirás médula en tus huesos,
frescura en tu ubre, leche en tus pechos, comida para tu boca.
Luego ve en la paz del Señor".
En el Nombre del Padre, del Hijo y del Espíritu Santo.

Esta entrada describe a la Virgen María consolando y curando a su vaca, que ha sufrido por la envidia de otros. La vaca simboliza la pureza y la bondad, y su sufrimiento se debe a la extracción de su esencia vital y nutrición, representada por la médula, la frescura de la ubre y la leche.

Nº 171.
Conjuro para recuperar la vitalidad robada.
Hemsedal, 1897.

Jesús y la Virgen María estaban sentados junto a la torre de la iglesia;
allí oyeron llorar a la vaca.
"¿Por qué lloras?" preguntó la Virgen María.
"Debo llorar; me están quitando la médula de mis huesos,
la fuerza de mi carne,
la comida de mi boca
y la leche de mi ubre".
"No suspires, no mugas, no huelas mal.
Los mando al agua donde no viven personas,
a la montaña donde nadie va.
Los mando debajo de una piedra,
allí te sentarás".
En el nombre del Padre, del Hijo y del Espíritu Santo.

Esta fórmula ilustra una interacción entre Jesús, la Virgen María y una vaca afligida. La vaca afirma que en tiempo presente le están quitando energía vital. La respuesta de María es una mezcla de compasión y acción, ya que invoca un hechizo para enviar a los responsables de la aflicción de la vaca a un lugar remoto y aislado.

Nº 172.

Contra una bruja malvada.

Norske Samlinger I, 254.
Bergen, 1594.

Nuestro Señor Jesucristo cabalgaba sobre un puente,
y se encontró con una bruja malvada.
"¿Adónde vas?" preguntó Cristo.
"Voy a una casa de unos hombres".
"¿Qué vas a hacer allí?" preguntó Cristo.
"Voy a romper miembro por miembro, espalda por espalda".
"No", dijo Cristo, "no causarás daño ni romperás nada;
debes irte a las montañas azules de Bergen, allí serás desterrada".
En el nombre del Padre, del Hijo y del Espíritu Santo.

Este pasaje describe un encuentro entre Jesucristo y una mujer malvada que pretende causar daño físico a otros. Cristo interviene y, en lugar de permitir que la mujer cause daño, la destierra a un lugar remoto, representado por las "montañas azules de Bergen". Esta acción protectora de Cristo refleja su papel como guardián y salvador en la tradición cristiana. La invocación de la Trinidad al final del texto subraya la autoridad y el poder espirituales detrás de las palabras de Cristo.

Nº 173.

Contra una bruja.

Fron (Gudbrandsdalen), alrededor de 1750.

Jesucristo y la Virgen María caminaban cruzando el ancho puente,
allí se encontraron con la bruja.
"¿A dónde vas?" preguntó Jesús.
La mujer respondió:
"Voy a la granja de N.N.
para dañar todo su ganado, ovejas, caballos y todo lo que haya allí".
"No", dijo Jesús,
"te enviaré a ti y a todos los tuyos de regreso
y te recluiré en la montaña, allí permanecerás
hasta la mañana del Juicio Final".
En el nombre del Padre, del Hijo y del Espíritu Santo.

La narrativa destaca la intervención protectora y justiciera de Jesucristo frente a las fuerzas del mal lanzando un conjuro para desterrar a la bruja.

Nº 174.

Conjuro para desterrar una bruja.

Publicado en Theol. Tidsskrift R. II, B. X, página 173.
Fron (Gudbrandsdalen), c. 1750.

Jesucristo y la Virgen María iban cruzando el ancho puente,
allí se encontraron con la repugnante bruja.
"¿A dónde vas?", preguntó Jesús.
"Voy a la granja del campesino
para devorar sus caballos, ganado, cabras y ovejas,
romper los huesos, succionar la médula,
comer la carne, desgarrar los tendones,
beber la sangre, arrancar la piel
y causar daño hasta la novena generación".
"No", dijo Jesús,
"irás directamente al infierno, tú y todos los tuyos,
que desean torturar a la gente,
allí permanecerás hasta la mañana del Juicio Final con toda tu compañía".
En el nombre del Padre, del Hijo y del Espíritu Santo.

La intensidad del castigo refleja la gravedad de las malas intenciones de la bruja.

Nº 175.

Conjuro para devolver un mal a quien lo envió.

Publicado en Lørdags-Aftenblad en 1865, página 50.

Jesucristo y la Virgen María cruzaban el ancho puente,
allí se encontraron con una bruja repulsiva.
"¿A dónde vas?", preguntó Jesús.
"Voy a la granja del campesino
para arruinar tanto el ganado como las ovejas".
"No", dijo Jesús,
"te devolveré al que te envió, por encima de granjas y cercas, entre sus pies
y en las raíces de su corazón".
En el nombre del Padre, del Hijo y del Espíritu Santo. Amén.
Padre Nuestro 3 veces.
Lea esto en malta y sal y dé a los animales, preferiblemente cuando se acuesten.

Este pasaje describe otro encuentro entre Jesucristo y la Virgen María con una bruja malintencionada. La bruja tiene planes malévolos para una granja, pero Jesús interviene, revirtiendo sus malas intenciones hacia quien la envió, impactando directamente en su corazón. La instrucción de leer la oración en malta y sal y darla a los animales sugiere un ritual de protección y purificación, especialmente efectivo en momentos de vulnerabilidad, como cuando los animales están descansando.

Nº 176.
Contra las brujas.
Skaabu (Fron, Gudbrandsdalen), alrededor de 1800.

Jesucristo y la Virgen María cruzaban el ancho puente;
se encontraron con una desagradable bruja.
"¿A dónde vas?", preguntó Jesús.
"Voy en busca de liberación
del hechizo finlandés y del engaño y la brujería".

Este pasaje describe otro encuentro entre Jesucristo y la Virgen María con una mujer desagradable. La mujer expresa su deseo de buscar liberación de los hechizos y engaños asociados con la brujería finlandesa, posiblemente implicando que ella misma es una víctima de estas prácticas o que busca redención. La mención de "finsk Trold" (hechizo finlandés) podría referirse a creencias o prácticas específicas de esa región que eran consideradas malévolas o peligrosas en ese contexto. Quizás el texto original está inacabado.

Nº 177.
Conjuro para que retorne una maldición a quien la mandó.
Nordfjord, 1862.

Jesucristo caminaba una vez por el amplio puente;
allí se encontró con la despreciable maldición.
"¿A dónde vas?", preguntó Jesús.
"Quiero ir a la granja del campesino,
para hacer estallar al campesino y a sus ovejas".
Jesús dijo:
"Debes regresar al hombre que te envió;
en sus pies harás estallar la raíz de sus uñas;
llevarás musgo y piedras".
A esto te obligo en los 3 nombres.
Padrenuestro 3 veces. Después la señal de la cruz.

Este pasaje describe un encuentro entre Jesucristo y una figura asociada con la maldición o el mal. La figura maligna expresa su intención de causar daño a un campesino y sus ovejas. Jesús, en respuesta, impone un castigo o redirección de la maldición de vuelta a quien la envió, ordenando que la maldición afecte al emisor y no al campesino inocente. La mención de "hacer estallar la raíz de sus uñas" y "llevar musgo y piedras" simboliza la transferencia de la maldición y el peso de las malas acciones de vuelta al originador.

Nº 178.
Conjuro contra Tuss.
Østerdal, 1638.

Nuestro Señor Jesús iba caminando;
allí se encontró con el desagradable Tuss.
"¿A dónde vas?", preguntó Nuestro Señor.
"Voy a la aldea y al pueblo a chupar sangre y desgarrar carne", respondió Tuss.
"Yo te desviaré", dijo Nuestro Señor, "de N.N.
Hacia abajo, bajo el tronco y la piedra, y a ningún hombre dañarás".

En este texto, se describe un encuentro entre Jesús y un ser llamado Tuss, que es un personaje negativo de la mitología nórdica. Jesús interviene para evitar que Tuss haga daño a las personas en una aldea o pueblo, desviándolo hacia un lugar donde no pueda dañar a nadie.

Nº 179.
Conjuro contra Tuss.
Gbdl, 1750.

"El Tuss iba a ir al pueblo;
allí se encontró con Nuestro Señor y San Pedro.
"¿A dónde vas?", preguntó Nuestro Señor;
"yo te encontraré y te desterraré a estar bajo tronco y piedra,
y a ningún hombre dañarás".
En el nombre del Padre, del Hijo y del Espíritu Santo."

En este texto, se describe un encuentro entre Jesús y San Pedro con un Tuss, que es un ser negativo de la mitología nórdica. Jesús interviene para prevenir que el Tuss haga daño a las personas en el pueblo, conminándolo a estar bajo un tronco y una piedra, donde no pueda dañar a nadie.

Nº 180.
Contra Trolls y mordeduras del Tuss.

Impreso en Theol. Tidsskrift R. II, B. X Página 174.

El Tuss iba a caminar hacia la ciudad.
Allí se encontró con Jesús y San Pedro.
"¿A dónde vas?", preguntó Jesús.
"Voy al hogar de N.N. para dañar toda su prosperidad y suerte", dijo el Tuss.
"No", dijo Jesús,
"debes regresar al que te envió,
Tus del Norte,
Tus del Este,
Tus del Sur,
Tus del Oeste,
Tus Elevado,
Tus Troll!
Te conjuro bajo el tronco y la piedra,
no harás más daño
ni devorarás la carne, ni beberás sangres
o romperás los huesos de nadie".

Repetir 3 veces: En el Nombre de Dios Padre, Hijo y Espíritu Santo. Amén.
Padrenuestro al final.

Trolls y Tuss son seres negativos de la mitología nórdica. Aparece la mención de los puntos cardinales muy habitual en las fórmulas mágicas medievales. Es indicación de que el conjuro se hace efectivo sin importar la procedencia de la negatividad o que la fuerza positiva se lanza en todas direcciones.

Nº 181.

a.

Conjurar Trolls o Tuss, o cuando el ganado está hechizado.

Fron (Gbdl.), c. 1750.

Jesús y San Pedro iban caminando, y se encontraron con el maligno Tuss.
"¿A dónde vas?", preguntó Jesús.
El Tuss dijo:
"Iré a la granja de N.N., a devorar la carne,
a romper los huesos,
a chupar la médula,
a beber la sangre
y a devorar todas las demás cosas en esa casa".
"No", dijo Jesús,
"deberás regresar al que te envió,
deberás quedarte en el lago donde ningún hombre pesca,
y en el bosque donde nadie vive,
y bajo piedras ancladas a la tierra,
y no en la carne y huesos de los humanos".
En el Nombre de Jesús, en el nombre de Dios Padre, Hijo y Espíritu Santo.

Esta oración debe leerse en ayunas con sal un jueves por la mañana; se deben tomar 3 astillas del umbral de la puerta y raspar un poco de la mesa donde se cenó en Nochebuena, y con un cuchillo tomar cenizas ardientes del hogar. Tener todo esto en la sal, mezclarlo con harina de cebada y malta. Dar primero a los toros y luego al ganado, según su edad, un jueves por la mañana y luego cada mañana, mientras dure la sal. Esto debe hacerse en la granja donde el ganado está hechizado. Pero debes estar solo en la habitación cuando prepares esto. Seguro que ayuda.

En este caso específico, Jesús y San Pedro se encuentran con el Tuss, una figura malévola, durante su camino. Jesús actúa como un exorcista, negando al Tuss la capacidad de hacer daño y ordenándole regresar a donde pertenece, a lugares inaccesibles o no habitados por humanos, como un lago desolado o un bosque vacío. Esta acción simboliza el alejamiento y el aislamiento del mal para proteger a los humanos y sus posesiones.

Lo interesante de esta entrada es la combinación de lo místico con lo práctico. Se sugiere una serie de acciones rituales que incluyen la preparación de una mezcla especial de sal, cenizas y otros elementos para ser administrada al ganado. Este ritual debe realizarse en condiciones específicas (en ayunas, un jueves por la mañana) y con una actitud de soledad y concentración, lo cual refleja la seriedad y el respeto con que se trataba el ritual en la época.

Nº 181.
b.
Conjuro contra el Tuss o cuando el ganado ha sido hechizado.

Variantes de Skaabu (Fron, Gudbrandsdal), alrededor de 1820.

Mientras Jesús y San Pedro caminaban, se encontraron con el odioso Tuss.
Jesús preguntó: "¿A dónde te diriges?".
El Tuss respondió: "Voy a esa granja para arruinar cabras y gente,
caballos y ovejas,
para comerme la carne, beber la sangre,
romper los huesos y consumir la médula".
Jesús dijo: "No, te devolveré al bosque donde nadie vive,
al lago donde nadie rema, bajo la rama y la piedra,
pero no en los miembros, la carne, la sangre
o los huesos de los humanos, caballos u otras criaturas".
En el nombre de Jesús. En el trino nombre de Dios Padre, Hijo y Espíritu Santo. En el trino nombre.

Esta entrada es una variante de un conjuro para proteger el ganado de las maldiciones o hechizos lanzados por una entidad maligna, el Tuss. La narrativa sigue el patrón de encuentro y confrontación entre Jesús (y a veces San Pedro) y la entidad maligna. En este caso, el Tuss manifiesta su intención de dañar a la gente y al ganado, pero Jesús lo rechaza, enviándolo a lugares inhóspitos como un bosque deshabitado o un lago inexplorado.

Nº 181.
c.
Contra el Trol o Tuss en el ganado y personas.

Storelvedal, c. 1850.

Jesús y San Pedro iban caminando,
cuando se encontraron con el desagradable Tuss.
"¿A dónde vas?" preguntó Jesús.
"Voy a la granja de este hombre
para arruinar tanto a las personas como a los caballos,
el ganado, las cabras y las ovejas.
Comeré su carne, beberé su sangre,
romperé sus huesos y devoraré su médula", respondió Tuss.

"No", dijo Jesús,
"te haré regresar a quien te envió,
al bosque donde nadie vive,
al lago donde nadie rema,
sobre granjas y cercas, y debajo de piedras firmemente asentadas,
pero no en la carne, la sangre o los tendones de las personas,
los caballos o cualquier otro animal".
En el nombre del Padre, del Hijo y del Espíritu Santo.
Tres veces Padre Nuestro.

Esta entrada describe un conjuro para proteger a las personas y los animales de granja de un ser maligno llamado "Tuss", una figura escandinava a menudo asociada con la maldad y la astucia. La práctica de "enviar de vuelta" al Tuss a su origen o a lugares desolados es una forma de exorcismo, destinada a alejar el mal y proteger a las personas y animales de su influencia dañina. El uso de oraciones y la invocación de la Trinidad (Padre, Hijo y Espíritu Santo) son característicos de las prácticas cristianas de protección y exorcismo. La repetición del Padre Nuestro tres veces subraya la importancia de la oración en este ritual.

Nº 182.
Conjuro contra el Troll.

Jeløen (Rygge), c. 1780.

Jesús y San Pedro iban por el camino
cuando se encontraron con Tuss y el desagradable trol.
Entonces el Señor preguntó: "¿A dónde vais?"
"Voy a [nombre del lugar] para comer carne y romper huesos", dijo.
"No", dijo el Señor,
"deberás regresar tan rápido como un pájaro vuela en el aire
y un pez nada en el agua".
Y esto en el nombre del Padre, del Hijo y del Espíritu Santo.

Esta entrada describe un conjuro para repeler o revertir las acciones maliciosas de un trol. Se presenta un encuentro entre Jesús, San Pedro y el trol, donde el trol expresa su intención de hacer daño. Sin embargo, Jesús lo desafía y lo obliga a regresar a su lugar de origen, simbolizando así el triunfo del bien sobre el mal. La velocidad con la que el trol debe regresar es comparada con la rapidez del vuelo de un pájaro y la natación de un pez, lo que enfatiza la urgencia y la inmediatez de su partida. La invocación del nombre de la Santísima Trinidad reafirma la autoridad y el poder del conjuro.

Nº 183.
Conjuro contra la maldición del Tuss.
Hedrum Aal (Hallingdal), c. 1800.

Jesús y San Pedro iban caminando sobre el ancho puente,
y se encontraron con Tuss (el malévolo).
"¿A dónde te diriges?" preguntó el Señor Jesús.
"Voy a la granja de N.N.", dijo Tuss,
"allí romperé huesos,
desgarraré carne y chuparé la sangre".
El Señor Jesús procedió a exorcizarlo:
"Debes volver al mismo diablo que te envió;
allí romperás sus huesos,
desgarrarás su carne
y chuparás su sangre".
En el nombre del Padre, del Hijo y del Espíritu Santo.

Este conjuro describe una interacción entre Jesús, San Pedro y el ser malévolo Tuss. La entidad maliciosa expresa su intención de causar daño en una granja, pero Jesús lo enfrenta y lo exorciza, enviándolo de regreso al diablo que lo envió con órdenes de que le haga el mal que iba a hacer a un inocente. Esta interacción ilustra el poder de la fe y la autoridad divina sobre las fuerzas malignas. El uso de la fórmula trinitaria al final del conjuro refuerza la idea de que la protección y el poder vienen de una fuente divina.

Nº 184.
Conjuro contra un duende.
Urskog, 1815.

El Señor Jesús y San Pedro iban caminando;
se encontraron con Tuss el alto y Tuss el largo, y con 7 duendes.
"¿A dónde vais?" preguntó Jesús.
"A la próxima ciudad".
"¿Qué haréis allí?"
"Romperé huesos, beberé sangre y desgarraré carne".
"No", dijo Jesús,
"te conjuro para que vuelvas a ser madera y piedra, sin dañar a nadie".
En el nombre del Padre, del Hijo y del Espíritu Santo.

Este conjuro muestra a Jesús y San Pedro enfrentándose a criaturas místicas malignas, incluyendo duendes y Tuss (espíritus nórdicos). Ellos expresan sus malévolas intenciones de ir a una ciudad para causar daño. Sin embargo, Jesús los confronta y los exorciza, transformándolos en inofensivos elementos de la naturaleza, simbolizando la transformación del mal en inofensivo. La mención de "Stok og Sten" (madera y piedra) podría simbolizar una vuelta a la inacción o a una forma no dañina, subrayando el poder de Jesús para controlar y mitigar las fuerzas malignas.

Nº 185.
Conjuro contra el ataque de un Tuss.
Urskog, 1815.

El Señor Jesús y San Pedro iban caminando y se encontraron con Tuss.
"¿A dónde vas?" preguntó Jesús.
"Voy a la próxima ciudad para romper huesos y chupar sangre".
"No", dijo Jesús, "debes regresar de su granja a tu propia granja,
y de su pecho a tu propio pecho,
y convertirte en una piedra firme, sin dañar a nadie".
En el nombre del Padre, del Hijo y del Espíritu Santo.

En este conjuro, Jesús y San Pedro se encuentran con un Tuss, un ser sobrenatural del folclore escandinavo, que expresa su intención de ir a una ciudad para causar daño. Jesús se enfrenta y le ordena regresar a su propia granja y a su propio pecho, simbolizando una vuelta a su origen o estado natural. La referencia a convertirse en "una piedra firme" sugiere la neutralización de su poder malévolo, asegurando que no causará daño a nadie.

Nº 186.
Conjuro contra el ataque de Tuss a los caballos.
Fron (Gudbrandsdalen), c. 1750.

El malvado Tuss se encontró en un camino con Jesús.
Jesús dijo:
"¿A dónde vas Tuss?"
"Voy a la ciudad de Stute, quiero morder los tendones de los caballos,
desgarrar su carne,
romper sus huesos y chupar su sangre".
"No", dijo Jesús,
"te haré regresar al que te envió,
te enterraré a nueve brazas en la montaña azul,
donde permanecerás hasta la mañana del Juicio Final".

Este conjuro describe un encuentro entre Jesús y un Tuss, una criatura mítica que expresa su intención de atacar a los caballos en una ciudad específica. Jesús interviene, negándole al Tuss la capacidad de hacer daño y lo condena a permanecer enterrado dentro de una montaña hasta el Día del Juicio. Este conjuro ilustra la creencia en la autoridad de Jesús para proteger no solo a las personas, sino también a los animales, de las fuerzas malignas y sobrenaturales. La mención de "la montaña azul" puede ser simbólica, representando un lugar de confinamiento o castigo para seres sobrenaturales.

Nº 187.
Contra el ataque de Tuss.
Urskog, 1882.

Jesús caminaba por el camino cuando se encontró con el odioso Tuss.
"¿A dónde vas?", preguntó Jesús.
"Voy a romper huesos y chupar sangre", respondió el Tuss.
"No", dijo Jesús, "te exhorto a que vuelvas atrás
y te ato bajo una piedra firme en la tierra,
y hago un conjuro contra el Tuss de la Tierra, el Tuss del Agua,
el Tuss de la Montaña y el Tuss de la Colina,
y nueve tipos de Tuss".

Este conjuro describe otra intervención de Jesús al encontrarse con un Tuss, una criatura mitológica nórdica. El Tuss, con intenciones malévolas de dañar rompiendo huesos y chupando sangre, es confrontado por Jesús, quien lo exhorta a volver atrás. Jesús usa su poder para atar al Tuss bajo una piedra y realiza conjuros de protección contra varios tipos de Tuss, mostrando su dominio sobre las fuerzas sobrenaturales malignas.

Nº 188.
Contra el ataque de Tuss a un niño.
Ringerike, 1885.

El Señor Jesús iba caminando cuando se encontró con el despreciable Tuss.
Entonces, el Señor Jesús dijo: "¿A dónde te diriges?"
"Voy a buscar a N.N.
Voy a comer su carne y beber su sangre,
y derretir todos sus pequeños miembros", respondió el Tuss.
"No", dijo el Señor Jesús,
"yo te haré volver con mis cinco dedos en la mano".
En 3 Nombres.
Nota: Cuando se menciona "mano", se coloca la mano sobre la parte afectada.

Este conjuro narra un encuentro entre Jesús y un Tuss, una criatura malévola del folclore nórdico. Jesús, al ser informado de las intenciones destructivas del Tuss, lo confronta y usa su poder, simbolizado por sus cinco dedos, para revertir las acciones maliciosas del Tuss y proteger a la víctima. La mención específica de colocar la mano sobre la parte afectada sugiere un acto de sanación y protección física, enfatizando el poder táctil y la presencia física de Jesús como un medio para combatir el mal.

Nº 189.
Contra el ataque de Tuss.
Øvre Hallingdal, 1896.

La Virgen María caminaba por el ancho puente;
allí se encontró con el desagradable Tuss.
"¿A dónde te diriges?", preguntó.
"A donde vive N.N.,
para chupar sangre y desgarrar carne", respondió el Tuss.
"Yo te golpearé con mi mano.
Debes volver al lugar de donde viniste;
allí puedes chupar sangre y desgarrar carne".

En este conjuro, la Virgen María se encuentra con un Tuss, una criatura mítica malévola. El Tuss expresa sus intenciones de dañar a un hombre, pero María, con una acción simbolizada como un golpe con la mano, lo obliga a regresar a su origen, neutralizando así la amenaza.

Nº 190.
Contra la envidia maligna.
Publicado en Theol. Tidsskrift R. II, B. X, Página 172.
Fron (Gudbrandsdalen), c. 1730.

Jesús cruzaba un amplio puente cuando se encontró con la Envidia.
Jesús le preguntó:
"¿A dónde te diriges?".
La Envidia respondió que iba a la granja de un hombre
para entorpecer todo lo que él tenía.
Jesús, entonces, dijo:
"No, te haré regresar a quien te envió.
Permanecerás en la montaña azul hasta el fin del mundo,
hasta el amanecer del Juicio Final".
En el nombre del Padre, del Hijo y del Espíritu Santo.

Nº 191.
Para liberar a los animales del campesino de la envidia.
Jeløen (Rygge), c. 1780.

Jesús y la Virgen María llevaban su ganado a través de un amplio puente
cuando se encontraron con la envidia.
Jesús preguntó: "¿A dónde vas?".
La Envidia respondió que iba a la granja de un campesino
para arruinar tanto su ganado como sus ovejas.
Jesús entonces dijo: "No, te haré regresar a quien te envió.
Irás a través de cercas y puertas,
y entrarás en las raíces del corazón de esa persona
para hacer allí lo que fuiste enviado a hacer".
En el nombre del Padre, del Hijo y del Espíritu Santo.
Tres veces el Padrenuestro.
Amen.

Este encantamiento provoca de nuevo que las intenciones maliciosas pueden ser devueltas a su origen, asegurando así la protección de los inocentes.

Nº 192.
Contra la envidia.
Urskog, 1822.

El Señor Jesús cabalgaba sobre la llanura
cuando se encontró con la furiosa envidia.
Entonces él dijo: "Deberás regresar a quien te envió".
Por lo tanto, debes permanecer dentro de esa persona
como el grano en el silo,
y solo el propio Jesús, el puro, permanecerá en tu lengua.
Yo, N.N., como mi comida y bebo mi bebida.
En el nombre del Padre, del Hijo y del Espíritu Santo.

En este conjuro, N.N. se debe referir al nombre de la persona afectada por la envidia.

Nº 193.
Oración contra la envidia.
Hedrum Nordland Hemsedal, c. 1800.

Jesús y San Pedro caminaban por su camino correcto;
allí se encontraron con un hombre lleno de envidia.
Jesús preguntó al hombre envidioso:
"¿A dónde vas?"
"Voy a los animales de N.N.,
para afligir la médula de sus huesos, la fuerza de su carne,
y quitar el poder y la fuerza de sus criaturas".
"No", dijo nuestro Señor Jesús;
"te envío de vuelta a quien te envió.
En sus criaturas, afligirás la médula de sus huesos,
la fuerza de su carne,
y quitarás el poder y la fuerza de sus criaturas,
hasta que quiera el bien para las criaturas de los demás
tanto como para las suyas propias".
En el nombre del Padre, del Hijo y del Espíritu Santo.

En este conjuro como en los anteriores, vemos que no solo se conjura la envidia sino que se retorna al origen a modo de justicia divina.

Nº 194.
Contra la envidia.
Gudbrandsdal, c. 1890.

El Señor Jesucristo iba caminando
cuando se encontró con un hombre envidioso.
"¿Adónde vas?", preguntó el Señor Jesús.
"Voy a la granja del campesino,
quiero arruinar todo lo que posee y tiene.
Quiero enfermar al ternero en el establo,
quiero enfermar a la ubre de la vaca".
"No lo harás", dijo el Señor Jesús;
"no conseguirás nada más de la vaca y el ternero,
que rocas y piedras fluyendo.
En el nombre de Dios".

La referencia a que "rocas y piedras fluyan" simboliza lo imposible, sugiriendo que los deseos maliciosos del hombre envidioso no se cumplirán. En la cultura nórdica antigua, la protección contra la envidia era crucial debido a la importancia de la agricultura y la ganadería en la subsistencia.

Nº 195.
Contra la envidia en el ganado.
Dovre, 1864.

Jesús y San Pedro caminaban cuando se encontraron con un hombre envidioso.
"¿A dónde vas?", preguntó Jesús.
Él respondió: "Voy a la casa de N.N., a su vaca,
a su bebida, a su rocío".
"No", dijo Jesús, "te enviaré de vuelta al que te envió.
Te colocaré bajo el mar del norte
con 9 agujas y 3 piedras firmemente asentadas en la tierra,
allí te quedarás como arena bajo el agua corriente".

El diálogo entre Jesús y el hombre envidioso sugiere que cualquier malicia dirigida hacia la propiedad de otro puede ser redirigida y neutralizada. La imagen de ser colocado "bajo el mar del norte" con objetos específicos simboliza una forma de confinamiento o restricción de la envidia, mientras que la referencia a la "arena bajo el agua corriente" implica la imposibilidad de que la envidia cause daño. Estos rituales reflejan la importancia de la protección mágica/espiritual en las sociedades agrícolas tradicionales.

Nº 196.
Conjuro contra el odio y la envidia.
Skaabu (Fron, Gudbrandsdal), c. 1800; Gausdal, 1880.

Jesús se encontró con el odio y la envidia.
Las rechazó y empujó de vuelta
hasta el propio corazón y raíz de riñón de quien la envió;
así será hasta que te entregues a Jesús en las manos y las oraciones,
en el nombre del Padre, el Hijo y el Espíritu
Santo (G. F. S. H.).

Nº 197.
Contra la envidia.
Ringerike, 1885.

—Para leer en sal y dar a los animales—

Jesús caminaba; se encontró con la envidia.
El Señor Jesús le preguntó: "¿Adónde vas?"
"Voy a la granja del campesino
para vaciar de vitalidad a la gente y
a los animales hasta la novena generación".
"No," dijo el Señor Jesús,
"te devolveré a quien te envió.
Allí debes consumir, allí debes robar en su campo, en su prado,
en su casa, en su sala, en sus dientes, en su lengua,
en su hígado, en sus pulmones; nada más de lo mismo,
y para todos sus animales, sin daño.
Una neblina para la sala hace una piedra en la tierra.
Yo sacio y conjuro la envidia, las 9 clases de Envidia.
Por la médula y en los huesos, por los huesos y en la carne,
por la carne y en la sangre,
por la sangre y en la piel, y en la piel, por la piel y en el aire y el viento
y en la piedra y el palo
y no hacerle a él y a todos sus animales ningún daño".
En 3 Nombres.

Este hechizo parece ser una fórmula de protección contra la envidia dirigida a los animales de granja. Se centra en redirigir la envidia de vuelta a su origen, con un énfasis en la absorción y la neutralización de la maldad en varias partes del cuerpo y del entorno. La referencia a "9 clases de Envidia" indica que este hechizo se consideraba útil contra una amplia gama de influencias negativas. La mención de "una neblina para la sala hace una piedra en la tierra" es probablemente simbólica, sugiriendo la transformación de algo intangible y dañino en algo sólido e inofensivo.

Nº 198.
Contra la envidia.
Flaa (Hallingdal), 1889.

Estaban Jesús y San Pedro, caminando sobre un amplio puente.
Entonces se encontraron con la envidia.
"¿A dónde vas?" preguntó San Pedro.
"Voy al vecino más cercano para comer y destruir,
para maldecir y arruinar," respondió la envidia.
"Debes volver," dijo San Pedro,
"debes desearle a tu vecino tanto bien como a ti mismo,
sí, hasta lo más profundo de tu raíz del corazón".

Al instar a la Envidia a "volver" y desear al prójimo tanto bien como a uno mismo, el conjuro busca promover la armonía y la buena voluntad, incluso en lo más profundo del ser, en la "raíz del corazón".

Nº 199.
Contra un duende que ha llegado volando a una persona, especialmente a las manos o los oídos, etc.
(Basado en el Protocolo de la Corte de Østerdal de 1638-41; Fórmula usada por Maren Lauritsdatter, acusada de brujería. Publicado parcialmente en Theol. Tidsskr. R. II, B. X, Página 175).
Østerdal, 1638.

La Virgen María se sentó en el umbral de la iglesia.
Llegó su bendito Hijo caminando.
Le preguntó a su Hijo por qué estaba tan pálido y azul.
"He caído del Olmo del Agua," dijo nuestro Señor.
"Siéntate en mis rodillas," dijo la Virgen María,
"te curaré tanto de los grises como de los negros,
de los blancos y de los rojos,
de los errantes y de los variopintos.
Te exorcizo del Cuerpo y la Sangre de N.N.
y bajo Palo y Piedra y a nadie más perjudicarás".

Esta fórmula mágica parece ser un conjuro de protección o exorcismo, utilizado específicamente para liberar a una persona de un duende o una entidad malévola que ha "llegado volando", posiblemente afectando partes del cuerpo como las manos o los oídos. La interacción entre la Virgen María y Jesucristo en este conjuro es particularmente interesante, ya que sugiere que incluso figuras sagradas pueden ser susceptibles a ataques o influencias malignas. La Virgen María, en su papel de protectora y curandera, ofrece alivio y expulsa la maldad, representada por "los grises, negros, blancos, rojos, errantes y variopintos", posiblemente simbolizando diferentes tipos o naturalezas de males o espíritus. El conjuro finaliza con un acto de exorcismo, donde María invoca poderes para expulsar estas influencias malignas "del Cuerpo y la Sangre" de la persona afectada, asegurando que estas entidades sean confinadas "bajo Palo y Piedra" y que no causen daño a nadie más. Este aspecto de confinar el mal a un lugar inaccesible es un tema común en los rituales de exorcismo, buscando no solo aliviar al individuo afectado sino también prevenir que el mal se propague. La referencia a "ningún daño a nadie más" enfatiza la intención de protección y prevención de daño extendido. La presencia de figuras santas realizando el exorcismo refleja una mezcla de creencias folclóricas y religiosas, donde las figuras divinas actúan directamente para remediar los males terrenales.

Nº 200.

Palabras contra el maleficio.

Del proceso de Lisbet Nypan en 1670. Publicado en las Colecciones de Evensen, Vol. 1, Cuaderno 4, Página 36.
Leinstranden, 1670.

Se lee sobre la sal que se da a la gente para ungirse.

Cristo fue a la iglesia con un libro en la mano;
se encontró con la Virgen María caminando.
"¿Por qué te ves tan afligido, mi bendito Hijo?"
"He sido fuertemente maleficiado, mi bendita Madre".
"Te curo del fuerte maleficio, del maleficio de cadera,
de vísceras, de espalda, de pecho,
del cuerpo y los huesos,
en la playa y en la piedra".
En el nombre del Padre, del Hijo y del Espíritu Santo.

El hecho de que se lea sobre la sal y se dé a la gente para ungirse sugiere una práctica de curación física, donde la sal, un elemento conocido por sus propiedades purificadoras y curativas, es imbuida con el poder de la oración para aliviar el maleficio. La referencia a "la playa y la piedra" podría simbolizar la conexión de esta cura con la naturaleza o un entorno específico, posiblemente indicando un lugar de poder o significado especial.

Nº 201.
Conjuro contra los trolls.
Publicado en Theol. Tidsskrift R. II, B. X, Página 175.
Romedal, c. 1780.

La Virgen María fue y se sentó junto a su Señor a los pies.
"¿Qué te ocurre, mi Hijo?" dijo ella.
"Madre, ha entrado un Troll en mi pierna, muy grande".
"Mi Hijo, siéntate en una piedra fija",
y eso en el nombre de Jesús de Nazaret, rey de los judíos.

Este texto parece ser un conjuro o fórmula de curación, donde la Virgen María juega un papel clave como sanadora. La referencia al trol en la pierna del hijo, podría simbolizar una dolencia o enfermedad grave. El uso del nombre completo de Jesús, "Jesús de Nazaret, rey de los judíos", invoca una forma poderosa y formal de su identidad, posiblemente para aumentar la autoridad o el poder del conjuro. La mención de una "piedra fija" podría tener connotaciones simbólicas o rituales, sugiriendo un lugar de curación o un objeto con propiedades especiales o una conexión con la naturaleza para que absorba el mal.

Nº 202.
Conjuro contra los trolls.
Jeløen (Rygge), c. 1780.

Jesús caminaba por el campo,
y un Troll se metió en su pierna.
"¿Por qué me mordiste?", dijo Jesús.
"Tú te retorcerás, te romperás.
Yo puedo someter a todas las criaturas vivientes".
Un hombre cristiano recibirá curación,
pero tú nunca recibirás curación.
Te conjuro a ti, N.N.,
médula en la montaña, de hueso en la piedra,
de carne en el suelo.
En 3 Nombres.

Este conjuro describe a Jesús enfrentado directamente a un trol, una criatura de la mitología nórdica, que aparentemente lo ha herido en la pierna. La respuesta de Jesús implica su poder sobre todas las criaturas vivientes, incluyendo seres místicos como los trols. El conjuro se centra en someter al trol, negándole cualquier posibilidad de curación, lo cual contrasta con la promesa de curación para un "hombre cristiano". El conjuro finaliza invocando la médula de la montaña, el hueso de la piedra y la carne del suelo, lo que sugiere una conexión con los elementos de la naturaleza.

Nº 203.
Conjuro contra malos hechizos y amarres.

Jeløen (Rygge), c. 1780.

Jesús estaba en la puerta de la iglesia;
se acercó la Virgen María.
"¿Por qué estás tan pálido, por qué tan azul, mi bendito Hijo?"
"Estoy pálido por hechizos,
estoy azul por hechizos,
estoy agarrado y oprimido".
"Yo misma te curaré de los amarres de la casa,
los amarres de la garganta,
los amarres del verdugo,
los amarres de la iglesia,
los amarres de la alta corte,
los amarres de la montaña
y todos los otros amarres que vuelan
y vagan entre el Cielo y la Tierra".
Y esto se cumplirá y sucederá.
En el Nombre del Padre, del Hijo y del Espíritu Santo.

Este conjuro muestra a Jesús siendo consolado y curado por la Virgen María después de haber sido afectado por una serie de "amarres" o hechizos, los cuales parecen tener un impacto tanto físico como espiritual, como lo indica su palidez y tono azul. Los diferentes tipos de amarres mencionados podrían representar diversos males o problemas específicos, cada uno con su propio origen o naturaleza.

Nº 204.
Conjuro contra la mordedura de serpiente.
a.
Jeløen (Rygge), c. 1780.

Una serpiente yacía bajo la raíz de un abedul,
y picó en el pie a nuestro Señor.
"¿Por qué me picaste?"
"Porque no te vi".
En el Nombre del Padre, del Hijo y del Espíritu Santo.
Este es un remedio probado.

La respuesta de la serpiente, "Porque no te vi", sugiere un encuentro accidental más que una agresión maliciosa. Este relato podría simbolizar la inevitabilidad del sufrimiento en la vida, incluso para figuras divinas como Jesús.

Nº 204.
Oración contra la mordedura de serpiente.
b.
Registrado por Moltke Moe
Be (Telemarken), 1878.

Una serpiente yacía bajo la raíz de un tilo
y picó en el pie de Jesús.
"¿Por qué lo hiciste?" dijo Jesús.
"Porque no te vi", dijo la serpiente.
"Nueve raíces de la lengua se romperán".
En el Nombre de Dios Padre, etc.

Esta oración contra la mordedura de serpiente sigue un tema similar al anterior, con Jesús siendo picado accidentalmente por una serpiente escondida. La respuesta de la serpiente, "Porque no te vi", sugiere nuevamente un encuentro no intencionado. La oración se enfoca en la ruptura de las "nueve raíces de la lengua" de la serpiente, lo que podría interpretarse como una manera de neutralizar el veneno o la capacidad de la serpiente para causar daño.

Nº 204
Oración contra la mordedura de serpiente.
c.

Bjug, una serpiente, yacía debajo de la raíz de un abedul
y picó en el pie de Jesús.
"¿Por qué me picaste?" preguntó Jesús.
"No te vi", respondió Bjug.
"Tu raíz de lengua se romperá en nueve pedazos".
En los tres Nombres: Dios Padre, etc.

Esta variante de la oración contra la mordedura de serpiente presenta una interacción similar entre Jesús y una serpiente, esta vez llamada Bjug, escondida bajo la raíz de un abedul. El diálogo es casi idéntico al anterior, con la serpiente respondiendo que no vio a Jesús antes de picar. La maldición de Jesús sobre la serpiente es más específica aquí: "Tu raíz de lengua se romperá en nueve pedazos", lo que puede interpretarse como una forma de neutralizar su poder o veneno.

Nº 204.
Oración contra la mordedura de serpiente.
d.

Bjug, una serpiente, yacía debajo de la raíz de un tilo
y picó en el pie de Jesús.
"¿Por qué me picaste, Bjug?" preguntó Jesús.
"No te vi", respondió Bjug.
"Con mis tres santas palabras,
tus nueve raíces de lengua estallarán".
En el Nombre de Dios Padre, etc.

Esta variante de la oración sigue la misma línea que las anteriores, con Jesús interactuando con la serpiente Bjug. En esta versión, Bjug pica a Jesús mientras está escondida bajo la raíz de un tilo, un árbol frecuentemente mencionado en el folclore y la mitología. El diálogo entre Jesús y Bjug sigue el mismo patrón, pero la maldición de Jesús es más intensa: él decreta que las nueve raíces de la lengua de la serpiente estallarán, lo que se puede interpretar como un castigo divino y simbólico por su acción.

Nº 204.
Oración contra la mordedura de serpiente.
e.
Telemarken, 1880.

Bjug, una serpiente, yacía bajo la raíz de un abedul
y picó a Jesús en el pie.
"¿Por qué me picaste?" preguntó Jesús.
"Porque no te vi", respondió la serpiente.
"¡Ahora todas tus diez patas se romperán!"
En los tres Nombres, Dios Padre, etc.

Esta variante presenta una narrativa similar en la que Bjug, la serpiente, pica a Jesús. La ubicación de la serpiente bajo la raíz de un abedul, un árbol común en el folclore nórdico, agrega un toque de mitología y naturaleza a la historia. La pregunta de Jesús y la respuesta de la serpiente son idénticas a las versiones anteriores, pero la maldición de Jesús cambia: en lugar de afectar a las raíces de la lengua de Bjug, ahora menciona que sus "diez patas se romperán". Este detalle es interesante porque las serpientes no tienen patas, lo que podría sugerir un simbolismo oculto o una interpretación metafórica.

Nº 204.
Para la mordedura del Troll de la cueva.
f.
Aal, Hallingdal, c. 1896.

El troll se escondía en la cueva
yacía bajo la raíz,
picó en el pie al Señor Jesús.
"Me picaste en el pie", dijo el Señor al troll.
"No te vi", dijo el troll.
Lee esto tres veces y sopla sobre ello tres veces;
pero debe hacerse "antes de que el sol de la tarde se ponga".

Esta entrada detalla un ritual para curar una mordedura de serpiente, específicamente de un trol de la cueva. La acción de leer la oración tres veces y soplar sobre el área afectada tres veces refleja un enfoque ritualístico y simbólico hacia la curación. El acto de soplar puede verse como una forma de transferir poder curativo o bendición a la persona o área afectada.

Nº 205.
Conjuro para una picada mortal de serpiente.
C. 1790.

Di:

Jesús venía caminando con una cruz de plata en su mano derecha por el verde campo.
"Escucha, mi corazón,
¿por qué te estremeces tan fuerte, por qué retraes tus dedos?"
"Debo estremecerme y retraer mis dedos,
porque la pequeña serpiente me ha mordido
con su veneno impuro".
Palo y piedra, y que nadie más sufra daño.
En el nombre del Padre, del Hijo y del Espíritu Santo. Amén.
Luego, mientras tanto, tira de los dedos hacia adelante varias veces;
así desaparecerá.

Esta entrada describe un ritual de curación para tratar el envenenamiento o la mordedura de una serpiente en los dedos o la mano. Invoca la imagen de Jesús con una cruz de plata, lo que sugiere el uso de símbolos religiosos como medios de protección o curación. El acto de tirar de los dedos hacia adelante varias veces es probablemente un método simbólico para "extraer" el veneno o el dolor de la zona afectada.

Nº 206.
Para picaduras de serpiente.
Publicado en Skilling-Magazinet en 1859, pág. 219.
Jeløen (Rygge), c. 1800.

Jesús caminaba alrededor de la raíz del abedul,
la serpiente lo mordió en el pie.
Jesús se sobresaltó,
la serpiente siseó.
En el nombre del Padre, del Hijo y del Espíritu Santo.

Esta entrada se centra en un breve encantamiento para tratar las picaduras de serpiente. Utiliza la imagen de Jesús siendo mordido por una serpiente, un símbolo potente en la cultura cristiana que podría interpretarse como una lucha entre el bien y el mal, o la santidad y el pecado. La simplicidad del encantamiento sugiere que era fácil de memorizar y utilizar en situaciones de emergencia, como una picadura de serpiente, donde la acción rápida podría ser crucial.

Nº 207.
Para picaduras de serpiente.
Fåberg, Fron (Gudbrandsdalen), c. 1800.

Truls yacía bajo la raíz del abedul y mordió a Jesús en el pie.
"Que te duela a ti, que mordiste,
y no a mí, que recibí el daño".

Esta fórmula para picaduras de serpiente presenta una narrativa simple en la que Jesús es mordido por una serpiente (Truls también se puede referir a trol pero escrito en el original erróneamente). El encantamiento invierte el daño de la mordedura de la serpiente de Jesús al propio Truls, simbolizando la transferencia del dolor y el sufrimiento del inocente al causante.

Nº 208.
Para el fuego de San Antón.
Basado en "Segner fraa Bygdom I", 109.
Hallingdal, 1871.

Se lee sobre el aguardiente, con el cual se unta al enfermo.
Nuestro Señor se sentó en el umbral de la iglesia:
"Yo atrapo, yo tomo,
he capturado el fuego del sur,
he capturado el fuego del este,
he capturado todos los fuegos del mundo,
que se desplazan y se esparcen en la carne
y los huesos entre el cielo y la tierra".
Entonces llegó la Virgen María, su bendita madre:
"Yo desviaré el fuego del sur, desviaré el fuego del oeste, y el fuego del este
y el fuego del norte,
y así desviaré todos los fuegos del mundo,
aquellos que se desplazan y se esparcen en el germen y la sangre entre el cielo
y la tierra".

Esta fórmula para tratar el "Fuego de San Antón" es una enfermedad también conocida como ergotismo, causada por la ingesta de centeno infectado por un hongo. Se hace referencia a los cuatro puntos cardinales, simbolizando la captura y control de todos los fuegos malignos del mundo, lo que indica una comprensión de la enfermedad como un mal que debe ser contenido y neutralizado. El uso de aguardiente como medio para la oración sugiere una combinación de lo físico (el aguardiente) con lo espiritual (la oración), un enfoque común en los remedios mágicos antiguos.

Nº 209.

Para la picadura de serpiente.

Recopilado del folklore por A. Heyerdahl, Descripción de Urskog, páginas 165-66. También publicado en Theol. Tidsskrift R. II, B. X, página 171.
Urskog, 1882.

Jesús cabalgaba sobre una raíz de gayuba;
entonces vino un demonio que picó el pie de su potro.
Jesús se bajó y sopló sobre la herida.
Dijo:
"El veneno se debilitará,
el que mordió, se romperá.
Te quebrarás tú, que mordiste;
que sanes tú, que fuiste mordido".

Esta fórmula para tratar una picadura de serpiente combina elementos cristianos con la medicina popular y la magia. La figura de Jesús, una presencia central en las creencias cristianas, es presentada interactuando directamente con un mal físico (la picadura de una serpiente, representada aquí como un acto del demonio). La acción de soplar sobre la herida y pronunciar palabras para debilitar el veneno y curar la herida refleja la creencia en el poder de la palabra y el aliento para sanar. Otro ejemplo más de conjuro con retorno de la negatividad al origen. Como la mayoría de las fórmulas expuestas, pueden ser aplicadas para todo tipo de ataques físicos, energéticos o espirituales.

Nº 210.
Contra la envidia y la corrupción de personas malvadas.

Lørdags-Aftenblad, 1865, página 50.
También publicado en Theol. Tidsskrift R. II, B. X, página 176.

"Cristo y la Virgen María caminaban
a través de montañas y valles.
Se encuentran a un granjero,
lamentándose profundamente.
"Bienvenido seas, Jesús, hombre bondadoso.
Te expreso mi gran aflicción.
Mi leche me ha sido robada,
ya no puedo caminar por la tierra.
Gente malvada me ha atado,
su maldición ha sido enviada sobre mí.
Oh, ayúdame, Jesús, buen sanador,
y encuentra una cura para mi dolor,
para que pueda llevar a mi granja
el modesto beneficio que tu amable mano me permite obtener".
Cristo responde:
"Si estás atado por las cadenas del diablo,
y si estás maldecido por mujeres y hombres,
y si estás atado como un tronco,
y si tus enemigos te oprimen,
entonces yo los ato con esta maldición,
como Lucifer fue atado en el infierno,
para que sean malditos por mí,
para que nunca más puedan moverse.
Ve en paz y tranquilidad
y lleva tu carga de leche a tu granja".
En el nombre del Padre, del Hijo y del Espíritu Santo.

Aquí, Cristo y la Virgen María son invocados en un contexto de lucha contra la envidia y la corrupción causadas por personas malvadas. Se pide la intervención divina para liberar a la víctima de las ataduras y maldiciones de sus enemigos. El uso de maldiciones y ligaduras en la oración refleja el convencimiento en la capacidad de las palabras sagradas para alterar física y espiritualmente la realidad.

Nº 211.
Contra la picadura de serpiente.
Stremse (Drammen), 1777.

Nub yacía bajo la raíz del abedul,
picó a la Virgen María en el pie:
"Que sufras tú, que picaste,
y no yo, que fui picado".
En los tres Nombres, del Padre Dios,
del Hijo de Dios y del Espíritu Santo.
Amén.

El conjuro pide que el dolor y el daño recaigan sobre la serpiente (el causante del daño) en lugar de la persona afectada, mostrando una comprensión simbólica de la justicia y el equilibrio en el tratamiento de las enfermedades y las maldiciones. De nuevo, retorno del mal al origen.

Nº 212.
Contra el Trol.
Skaabu (Gudbrandsdalen), c. 1820.

La Virgen María caminaba
y se encontró con nuestro Señor
en un precioso Viernes Santo y dijo:
"He sido afectada por un trol en mi pierna".
Él dijo:
"Así deberá salir de la pierna y entrar en la piedra,
y nunca más podrá hacerle daño a ningún ser humano".
Y esto en el Nombre de Jesús. Dios Padre,
Dios Hijo y Dios Espíritu Santo.
Reza el Padrenuestro 3 veces.

Es interesante notar que el conjuro se sitúa en un día significativo del calendario cristiano, el Viernes Santo, lo que podría indicar una mayor potencia o relevancia del conjuro. La fórmula del conjuro transfiere el mal (el trol) de la persona afectada a un elemento inanimado, en este caso, la piedra, para que no pueda dañar a nadie.

Nº 213.
Para la mordedura de serpiente.
a.

Gudbrandsdal, c. 1830.

La serpiente larga yacía bajo la raíz del tilo
y mordió a la Virgen María en su pie izquierdo.
"Que se rompa el que mordió y no el que fue mordido".
En el Nombre de Dios en tres formas.

Otro ejemplo de conjuro en el que la sanación se produce al enviar a la negatividad al origen. La mención de la "Serpiente Larga" podría tener connotaciones bíblicas, refiriéndose a la serpiente del jardín del Edén.

Nº 213.
Para la picadura de serpiente.
b.

Hemsedal, 1897.

La malvada Serpiente
yacía bajo la raíz de un tilo,
allí mordió a María en el dedo gordo del pie.
"¿Por qué me mordiste?" preguntó María.
"Porque no te vi".
"Explota y rompe, tú que mordiste,
pero no a quien mordiste".
En el Nombre de Dios Padre, Hijo y Espíritu Santo.

III. FÓRMULAS EN LAS QUE UNA PERSONA SOBRENATURAL APARECE Y PRESCRIBE EL USO DE UN REMEDIO O UNA ACCIÓN SIMBÓLICA

Nº 214.

Para el dolor de dientes.

c. 1750.

Job se sentó sobre una piedra y se lamentó por sus dientes, diciendo:
"¡Ojalá mis dientes se rompieran!".
Entonces llegó la Madre de Jesús, Santa María, y dijo:
"Toma agua en la boca, escúpela en el suelo, y eso te quitará el dolor".
En los 3 Nombres.

Esta fórmula para el dolor de dientes involucra a dos figuras bíblicas, Job y la Virgen María. Job, conocido por su sufrimiento y paciencia en la adversidad, se lamenta por el dolor en sus dientes, una dolencia física que se suma a sus pruebas. La intervención de la Virgen María, con un remedio aparentemente simple de tomar agua y escupirla, sugiere la creencia en la curación a través de acciones simbólicas respaldadas por figuras sagradas. La instrucción de María de "escupir en el suelo" es una magia de transferencia del dolor de Job a la tierra, aliviando así su sufrimiento.

Nº 215.
Para el dolor de dientes.
c. 1750.

"¿Por qué estás afligida, mujer?
¿Por qué te lamentas y te entristeces?"
"Debo lamentarme y entristecerme;
hay una marca bajo mis dientes".
"Yo curaré eso", dijo Jesús;
"Toma agua en la boca, escupe en el suelo,
y en ese momento encontrarás alivio".
Di lo siguiente:
"Jesús caminó hacia un cementerio.
Primero, Jesús se observó a sí mismo;
Jesús sanó tanto el dolor como las heridas;
Jesús alivia el dolor de dientes y calma el sufrimiento".

Esta fórmula para aliviar el dolor de dientes se centra en Jesús, quien responde a los lamentos de una mujer que sufre dolor bajo sus dientes. La instrucción de Jesús de "tomar en la boca y escupir en el suelo" es magia de transferencia, transferir el dolor o la enfermedad de una persona a la tierra. El acto de Jesús de observarse a sí mismo en un cementerio y luego sanar el dolor y las heridas forma parte del ritual mágico con significados ocultos.

Nº 216.
La raíz de Vendel.
a.

Trykt i Theol. Tidsskrift R. II, B. X, Side 173 fg. Fron (Gbdl.), c. 1750.

Lee esto en Sal y Malta y dáselo a tu ganado:

Jesús y la Virgen María caminaban por una orilla del mar,
donde vieron la hermosa raíz de Vendel.
Jesús comenzó a desenterrar la raíz.
El trol en la montaña gritó
que la raíz no servía para nada.

San Pedro se acercó y respondió al trol
en la montaña de la siguiente manera:
"Es buena para mucho mal,
para la Peste de Mo y la Peste de Sangre,
es buena para el diente de lobo y el abrazo del oso,
para el diente de Satanás, y la mano de los trols,
y para todo el mal que vuela entre el cielo y la tierra".
En el Nombre del Padre, del Hijo y del Espíritu Santo.
Reza el Padre Nuestro 3 veces antes y 3 veces después.

La raíz de Vendelsroden o Vendel, mencionada en el texto, parece ser una planta con propiedades protectoras y sanadoras. El uso de sal y malta como vehículos para administrar la cura sugiere prácticas de sanación tradicionales donde los elementos naturales se cargan con propiedades mágicas.

Nº 216.
Cuando se quiere tomar la raíz de Vendel.
b.

Fron (Gbdl.), c. 1750.

Jesús y San Pedro caminaban en la noche de San Juan por un valle profundo
y tomaron la hermosa raíz de Vendel.
Entonces el trol que vive en la montaña dijo:
"No sirve para nada".
"Sí, sí sirve", dijo Jesús,
"para el diente de lobo y el gruñido del oso,
y para enfermedades tanto en personas como en ganado,
ella ciertamente es buena".
En el Nombre del Padre, del Hijo y del Espíritu Santo.

Esta fórmula describe la recolección de una raíz llamada Vendelsrod o Vendel, un elemento aparentemente significativo en la magia nórdica. No he podido encontrar a qué planta se refiere. El escenario de la noche de San Juan añade un elemento de misticismo y magia, común en las tradiciones relacionadas con esta festividad y sugiere algún tipo de ritual con la raíz. El encuentro con el trol, que duda del poder de la raíz, y la respuesta de Jesús, que afirma su utilidad, reflejan una confrontación entre el escepticismo y la fe. La mención de "Ulvetand" (diente de lobo) y "Bjørneram" (gruñido del oso) sugiere que la raíz se usaba para tratar enfermedades o maldiciones asociadas con estas criaturas, o tal vez simboliza la protección contra peligros salvajes o fuerzas malignas.

Nº 216.
Raiz de Vendel en la orilla.
c.

Fron, Gudbrandsdal, c. 1750.

Jesús y la Virgen María caminaban por la orilla,
donde vieron la hermosa raíz de Vendel.
"Te tomo," dijo María, "eres buena para la Mo-Sot, la Blod-Sot
y para todo en el mundo", dijo Jesús.
En el Nombre del Padre, del Hijo y del Espíritu Santo. Amén.

Este encanto describe una interacción entre Jesús y la Virgen María, quienes encuentran la raíz de Vendel mientras caminan por la orilla. La Virgen María reconoce el valor medicinal de la raíz, sugiriendo su utilidad para tratar enfermedades específicas como la Mo-Sot y la Blod-Sot (relativa a la sangre). Esta fórmula, como muchas otras, subraya la conexión entre lo sagrado y la medicina natural, donde las figuras religiosas desempeñan un papel en la identificación y validación de remedios herbales. La mención de la raíz de Vendel en varias fórmulas sugiere que era un elemento muy valorado en la medicina tradicional de la época.

Nº 216.
Raíz de Vendel para proteger el ganado.
d.

Dovre, 1864.

Jesús y la Virgen María caminaban hacia la orilla del mar,
donde vieron la hermosa raíz de Vendel.
Jesús la desenterró y se la entregó a San Pedro.
El trol en la montaña gritó y dijo: "La raíz no sirve para nada".
San Pedro se adelantó y respondió:
"La raíz es buena para muchos males:
es buena para la 'Mo-Sot', la 'Blod-Sot', la 'Ulvetand', la 'Bjørneram'
y para los ataques de los trols".

Esta fórmula parece ser una invocación para proteger el ganado y personas de varias enfermedades y males. Los términos 'Mo-Sot' y 'Blod-Sot' podrían referirse a enfermedades de la sangre, mientras que 'Ulvetand' (diente de lobo) y 'Bjørneram' (posiblemente un término relacionado con osos) podrían simbolizar peligros o ataques de animales salvajes. 'Troldfolks Haand' directamente se traduce como "la mano de los trols", sugiriendo protección contra maleficios o maldiciones. La raíz de Vendel, según esta fórmula, parece ser un poderoso símbolo o ingrediente en rituales de protección.

Nº 217.
Receta para el ganado afectado por un maleficio.

Romedal, c. 1780. Eker, 1850.

Jesús y la Virgen María iban caminando,
encontraron una bendita vaca parada y llorando.
"¿Qué te aflige, mi vaca?"
"Me han robado la leche y la sangre,
y tengo 'dvergesøgen' (*una enfermedad o maleficio*)".
"Ve," dijo Jesús a la Virgen María,
"y toma malta, sal y 'Amst-Mel' (posiblemente un tipo de harina o cereal)
y te recuperarás.
En el Nombre de Dios Padre, Hijo y Espíritu Santo.

Esta fórmula parece ser un encantamiento para curar a una vaca enferma o afectada por un maleficio. Jesús instruye a la Virgen María a usar una mezcla de malta, sal y otro ingrediente llamado 'Amst-Mel' para curar a la vaca, lo que sugiere una combinación de ritual mágico y remedio herbal.

Nº 218.
Remedio y conjuro para el ganado afectado por un maleficio.

Romedal, c. 1780.

Jesús y la Virgen María oyeron a través de los campos que su vaca estaba agitada. "¿Qué te aflige?", preguntó la Virgen María, "gimes tan fuerte".
"Las brujas me han ordeñado, estoy afligida,
me han robado la fuerza, me han agotado".
Entonces Jesús dijo a su madre:
"Debes ahumarla con la corteza de pan agrio y enebro".
Haz lo mismo con tu vaca cuando haya dado a luz,
y di al mismo tiempo:
"Ahumo a mi vaca,
como Jesús y la Virgen María ahumaron a su vaca
y eso en Nombre del Padre, el Hijo y el Espíritu Santo".
Padrenuestro al final.

La vaca se describe como afligida por brujas, agotada y debilitada. Jesús instruye a María a usar una técnica de ahumado con corteza de pan agrio y enebro, un método que purifica y protege al animal. La mención de "cuando la vaca ha dado a luz" indica que este ritual también podría ser utilizado como una forma de protección o curación postparto para el ganado.

Nº 219.
Receta para mordeduras de serpientes.

Rygge, c. 1780.

Mi marido se llamaba Møyne, le picó una serpiente.
El hombre escupió en su mano, se golpeó la boca y dijo:
"calla, mantén la calma, escupe en la mano y
golpéate la boca.
Sana instantáneamente".
Y esto en Nombre del Padre, el Hijo y el Espíritu Santo. Amén.

Encantamiento para tratar las picaduras de serpientes. El nombre "Møyne" podría ser simbólico o parte de la fórmula mágica. El acto de escupir en la mano y golpearse la boca es un ritual simbólico que representa la eliminación del veneno o la influencia maléfica.

Nº 220.
Receta para "Eter-Smaug" o irritación en la piel.

Romedal, c. 1780. Eker, c. 1800.

Jubel y Langlaug discutían sobre el "Eter-Smaug".
Respondió Toge, que estaba en la montaña:
"toma Møk y aplícalo, curación recibirás
en Nombre del Padre, el Hijo y el Espíritu Santo."
Amén. Padrenuestro.

Este hechizo parece ser para tratar una enfermedad conocida como "Eter-Smaug", que podría interpretarse como una especie de comezón o irritación cutánea. Los personajes Jubel y Langlaug discuten sobre esta condición, y Toge, posiblemente una figura de sabiduría o un ser espiritual situado en la montaña, ofrece una solución: aplicar "Møk", que podría ser alguna forma de ungüento o remedio natural. La fórmula como vemos queda bastante confusa o está incompleta.

Nº 221.
Bendición para protección del ganado enfermo.

Fron (Gudbrandsdalen), c. 1830.

Mientras Jesús cruzaba el río Jordán,
se volvió hacia atrás y vió que Adam le siguió.
"¿A dónde vas?", preguntó Jesús.
"No puedo dormir, oh buen Señor,
debo alimentar mi ganado,
una grave enfermedad amenaza a mi ganado."
"Vuelve, Adam, toma el pelo de la grupa
y bendice tu ganado de arriba abajo,
nunca sufrirán ninguna enfermedad."
En el Nombre del Padre, del Hijo y del Espíritu Santo.
Ahora tenemos al Padre y al Hijo con nosotros.
Bendícenos por la enfermedad pulmonar,
y por la enfermedad del pasto,
y bendícenos por el veneno y por la ira
y por todas las enfermedades que el ganado y las ovejas puedan contraer.
En el Nombre del Padre, del Hijo y del Espíritu Santo.

Este hechizo es una oración para proteger al ganado de enfermedades. Adán expresa su preocupación por su ganado enfermo. Se le aconseja que tome pelo de la grupa del animal y realice un ritual de bendición, cubriendo todo el cuerpo del animal. El objetivo es prevenir cualquier enfermedad. La mezcla de elementos cristianos y populares es común en estos hechizos antiguos.

Nº 222.
Contra la enfermedad de Braa.
Moland (Telemark), c. 1800.

El Señor Jesús se apresuró y subió a un pequeño montículo.
Alguien le preguntó:
"¿Qué remedio puedes dar para quien sufre la enfermedad de Braa?"
"Toma Pripi, y pon sol en tu boca,
Remedio en el mismo momento."
En 3 Nombres: Dios Padre, Hijo y Espíritu Santo.

Este hechizo queda incompleto por desconocimiento sobre a qué tipo de enfermedad se refiere y desconocer qué es el "Pripi" que podría ser hierbas, ingredientes o símbolos místicos. La naturaleza simbólica y la falta de detalles específicos sugieren que el hechizo es más ritualístico que práctico, una característica común de los hechizos y remedios de la época.

Nº 223.
Para la enfermedad de Braa.
Jeløen (Rygge), c. 1800.

"Sopla por la nariz, sopla por la boca,
y te curarás de Braa en ese mismo momento."
En los 3 Nombres mencionados.

La instrucción de "soplar por la nariz y soplar por la boca" sugiere un acto simbólico, posiblemente relacionado con la expulsión de la enfermedad o la mala energía. La promesa de curación "en ese mismo momento" implica una acción rápida y decisiva.

Nº 224.
Para el azote del Draug.
Hedrum, c. 1800.

El Azote del Draug viene para contagiar el mal.
Se encuentra con dos fatigados talladores
de madera afectados por él;
luego se encuentra a San Pedro.
"Detente", dijo San Pedro,
"quita la brida y la cabezada y cabalga hacia el abismo del Infierno,
no cabalgues aquí."
En los 3 Nombres: Dios Padre, Hijo y Espíritu Santo.

Este hechizo parece ser un conjuro para protegerse contra el "Azote del Draug", que podría referirse a algún tipo de mal o calamidad sobrenatural. La instrucción de San Pedro de "cabalgar hacia el abismo del Infierno" en lugar de en el área actual, puede ser un acto de exorcismo o destierro de malas influencias.

Nº 225.
Contra el ataque de un Trol a un caballo.
Urskog, 1815.

"El troll había atacado y Anto preguntó
qué remedio había para aquel que ha sido arañado.
"'Toma al caballo del cuello con el primer y cuarto dedo
y escúpele tres veces en la boca;
la cura en ese mismo instante.
Toma un pedazo de pan en la mano
y con las cuatro uñas haz un pentágono en el pan
y dáselo al caballo.
Luego, con las mismas uñas,
haz un pentágono en la pezuña izquierda del caballo".

Esta fórmula de magia ritual es una mezcla de acciones físicas y simbolismo, destinada a curar o proteger de un daño causado por un trol. El acto de tomar por el cuello y escupir tres veces podría ser interpretado como un ritual de purificación o exorcismo. La mención de hacer un pentágono en el pan y luego en la pezuña del caballo sugiere un acto de transferencia o destierro del mal. La figura del pentágono podría tener una significación simbólica mágica, posiblemente relacionada con la protección o el sellado de un maleficio.

Nº 226.
Para el 'Braanen' en el ganado.
a.

Publicado en la Descripción de Urskog por Heyerdahl, Página 169.
Urskog, 1815.

Raamand preguntó por un remedio para el "Braanen".
"Toma por el cuello, escupe en la boca,
curado y sanado en ese mismo instante".
Esto se recita tres veces, asegurándose de tirar bien de la lengua hacia fuera del cuello y luego escupiendo en el cuello también; así el animal se curará de inmediato.

Este ritual parece ser una práctica curativa para una condición específica en el ganado, una dolencia conocida como 'Braanen'. El proceso de recitar la oración tres veces y la acción de manipular la lengua del animal indican una combinación de prácticas de magia ritual.

Nº 226.
Para el 'Braanen' en el ganado.
b.

Skaabu (Fron, Gbdl.), alrededor de 1780.

Braain preguntó a Raain qué remedio debería usarse.
"Toma por el cuello y sopla en la boca,
se pondrá fuerte en ese mismo instante".
Dios Padre, Dios Hijo y el Espíritu Santo. Amén.

Este remedio, similar al anterior, implica una combinación de acción física (tomar por el cuello y soplar en la boca) y una invocación religiosa.

Nº 226.
Contra el 'Braanen'.
c.

Según las Colecciones de Storaker XVI en la Biblioteca Universitaria.
Alrededor de 1860.

"¿Qué remedio puedo utilizar para este animal
que ha contraído el Braanen?
"Agarra fuerte y escupe en la boca,
así se pondrá bien en ese mismo instante".
En los tres nombres: Padre, Hijo y Espíritu Santo. Amén.

Este remedio, como los anteriores, mezcla elementos físicos (agarrar y escupir) con una invocación religiosa. La repetición de la frase "en ese mismo instante" subraya la creencia en una curación instantánea y milagrosa, mientras que la referencia a los tres nombres de la Trinidad enfatiza la dimensión espiritual de la cura.

Nº 226.
Contra el 'Braanen'.
d.

(registrado según el folklore popular).
Gausdal, 1880.

"Mi vaca ha contraído 'Braanen'.
'¡Escupe en la boca, y agarra fuerte!
Así tu vaca se pondrá bien en ese mismo instante.'"

Nº 227.
Remedio contra el dolor de dientes.
Tidsskr. Ril, B X, página 175 y por Heyerdahl páginas 167-168.
Urskog, 1815.

La Virgen María estaba parada
en la puerta de la iglesia,
lamentándose mucho.
Entonces, un Hijo de Dios
descendió del cielo y le preguntó:
"¿Por qué te lamentas tanto?"
"Tengo que lamentarme mucho.
Hay tres piedras debajo de mi diente,
una es áspera, otra es rugosa, la tercera es áspera."
"Ven y siéntate, te curaré del dolor de dientes.
Toma sal y agua en la boca y escupe en el suelo rápidamente,
así se aliviará en ese mismo instante."

Se comparaba el dolor con piedras que estaban bajo el diente. La combinación de sal y agua, seguida por escupir en el suelo, es una acción ritual basada en la creencia de que la sal expulsa lo negativo.

Nº 228.
Contra la envidia.
Urskog, 1813.

Jesús y la Virgen María seguían su camino,
y se encontraron con su ganado quejándose.
"Nos quejamos, soplamos, resoplamos.
Ayer nos encontramos con el malvado hombre de la envidia;
chupó la médula de mis huesos, chupó la leche de mi pecho."
"Traigan malta, traigan sal en mi mano blanca.
Yo mismo te curaré.
Debes saber que nosotros caminamos en las montañas,
y vencemos a las fuerzas del infierno".

La figura del "hombre de la envidia" actúa como un agente malévolo. El uso de malta y sal es un ritual de purificación y curación. La referencia a estar en las montañas y vencer a las fuerzas del infierno, es una afirmación que indica que las figuras sagradas velan por los inocentes frente a las fuerzas del infierno.

Nº 229.
Cura.
Storelvedal, c. 1850.

Oh Etersmaug,
¿cuál será la cura?
"Untar con alquitrán", dice Jesús.
Reza el Padre Nuestro tres veces.

Este conjuro parece dirigirse a un tipo de dolencia o mal específico, posiblemente relacionado con una infección o una enfermedad de la piel, dado el uso sugerido de alquitrán, un remedio tradicional para ciertos problemas cutáneos.

Nº 230.
Contra el Troll.
Noruega, 1862.

Gjyvra estaba bajo la montaña,
gritando y preguntando:
"¿Qué remedio podemos encontrar
para el horrible troll?"
"Aprieta entre los ojos y escupe,
así te curarás en el mismo momento."
En el nombre del Padre, Hijo y Espíritu Santo.
Rezar tres veces el Padrenuestro.

La figura del trol, un ser de la mitología nórdica, se utiliza de nuevo aquí, representando una enfermedad o un ataque energético.

Nº 231.
Contra el picor.
Ullensaker, Noruega, 1880.

Jo y Langto se encontraron en un puente.
Jo preguntó a Langto si conocía algún remedio para el picor.
Veía, que estaba sentado en el bosque, respondió:
"Toma esto y úntatelo, es bueno para todo el picor.
El picor desaparecerá."
Se lee sobre un poco de alquitrán y se unta en el cuerpo. Después de esta oración, se debe nombrar el Nombre de Dios.

Este conjuro sugiere el uso de alquitrán como remedio para el picor, una práctica común en la medicina popular tradicional. La interacción entre Jo y Langto, así como la respuesta de Veia, indican una consulta de sabiduría popular y la búsqueda de soluciones mágico/naturales.

Nº 232.
Contra la infección de pus.
Heyerdahl, Descripción de Urskog, Página 165.
Urskog, Noruega, 1882.

La serpiente y el sapo se encontraron en una entrada,
esparciendo pus y un espeso veneno verde.
Loa, que estaba sentada en el camino, respondió:
"Yo curaré a ambos."

Este encantamiento parece ser una receta mágica para el tratamiento de heridas o enfermedades causadas por animales venenosos, como serpientes y sapos. La figura de Loa, sentada en el camino y respondiendo a la situación, sugiere que es un personaje de poder y sabiduría.

Nº 233.
La oración de la mantequilla.
Urskog, 1882.

La vieja Mari iba caminando;
entonces se encontró con una vaca marrón y moteada,
una de sus patas traseras estaba levantada
y la otra un poco torcida.
"¿Te duele?" preguntó Mari.
"Me duele bastante," respondió la vaca,
"Soy una vaca coja, hambrienta y seca de leche."
"Vas a mejorar de eso," respondió Mari.
"Voy a buscar en Liom y te daré entre Siom,
voy a buscar en Hauom y te daré entre Auom
Jurbas, Vivang y Maihan.
Entonces vendrá mantequilla desde el norte
y mantequilla desde el sur,
mantequilla desde el este
y mantequilla desde el oeste,
mantequilla en barriles
y mantequilla en baldes
y mantequilla en toda esta tierra".

La figura de Mari parece realizar un ritual mágico para curar a la vaca y asegurar la abundancia de mantequilla. Las referencias a lugares como Liom, Siom, Hauom, y Auom, así como a Jurbas, Vivang y Maihan, podrían ser nombres, palabras mágicas o de entidades místicas involucradas en el hechizo. El objetivo final del hechizo es asegurar la producción de mantequilla en abundancia.

Nº 234.
Contra los Trolls.
Urskog, 1882.

Jove estaba de pie en la montaña
y gritaba pidiendo consejo
para los 9 tipos de trolls.
"Agárralo del cuello y sopla en su boca, así estarás bien".

La idea de "agarrar del cuello y soplar en la boca" sugiere un acto de exorcismo o de control sobre estas criaturas sobrenaturales. En muchas tradiciones, el aliento tiene un significado especial, a menudo asociado con la vida, el espíritu o el poder curativo. El número nueve, mencionado en relación con los tipos de trols, también tiene una significación especial en varias tradiciones místicas, a menudo asociado con la magia, la espiritualidad y el misticismo.

Nº 235.
Para el dolor de muelas.
Ringerike, 1885.

Nuestro Señor Jesús caminaba alrededor del cementerio;
allí se encontró con un hombre enfermo.
"¿Qué te aflige, mi hombre?" preguntó.
"Tengo dolor de muelas y dientes."
"Toma agua fría en la boca
y escupe en el suelo rápidamente,
la mejoría vendrá en ese mismo instante."
En el Nombre del Padre, del Hijo y del Espíritu Santo.

Nº 236.
Para el espasmo de Trold.
Ringerike, 1885.

El Jutul azul
y el Jutul Tovil,
uno de los Jutules
habló al otro Jutul:
"Ahora ha llegado, el peor espasmo de Trold."
"Frota en contra de él,"dijo el Jutul Tovil.
"No, frota a favor,"
dijo el Jutul azul,
"así se irá tan fácilmente como vino."
En el Nombre del Padre, del Hijo y del Espíritu Santo.

Este encantamiento describe un diálogo entre dos seres míticos, los Jutules, (gigantes míticos que vivían en el reino del hielo), sobre cómo aliviar un "es-

pasmo de Trold", una forma de malestar o enfermedad. Uno sugiere frotar contra la dirección del espasmo, mientras que el otro aconseja frotar a favor, lo que implica una técnica para aliviar la condición.

Nº 237.
Para el dolor de dientes.
Øvre Hallingdal, c. 1896.

Rube, Rube estaba de pie
y se golpeó contra una piedra.
"¿Qué te duele, Rube?"
"Tengo dolor en mis dientes."
"Toma un poco de agua y escupe en el pozo,
así te curarás en ese mismo instante."

Este encantamiento trata sobre alguien llamado Rube que sufre de dolor de dientes. El remedio sugerido es simple: tomar agua y escupirla en un pozo, lo que supuestamente aliviará el dolor de forma instantánea. Es otro ejemplo más de magia de transferencia, expulsar un mal, un dolor, y transferirlo a otro lugar, en este caso el agua hace de conductor del dolor para dejarlo en el pozo.

Nº 238.
Para provocar discordia entre cónyuges.
Bergen, 1325.

Ragnhild Tregagaas fue acusada de brujería por influir en su primo Baard, con quien había mantenido previamente una relación indebida, para que abandonara a su esposa Bergljot. En el juicio en Bergen en 1325, Ragnhild confesó que había renunciado a la protección divina y se había entregado al diablo. En la noche de bodas, colocó en la cama nupcial cinco panes y cinco guisantes, junto con una espada al lado de sus cabezas. Luego cantó un hechizo.

El acto de colocar objetos específicos en la cama nupcial y recitar un hechizo muestra la creencia en el poder de los rituales y objetos para influir en los eventos y las relaciones. El hechizo no quedó registrado en los documentos del juicio.

IV. LAS TRES NORNAS

"De tre Norner" (título original de este capítulo) en danés o noruego se refiere a "Las tres Nornas" en español. En la mitología nórdica, las Nornas son seres femeninos que tejen el destino de los dioses y los humanos. Son comparables en cierto modo a las Moiras de la mitología griega.
Las tres Nornas principales son:

Urðr (Urd) - Representa el pasado. Su nombre se asocia con lo que ha sucedido.
Verðandi (Verdandi) - Representa el presente. Su nombre se traduce a menudo como "lo que está llegando a ser" o "lo que está sucediendo ahora".
Skuld - Representa el futuro. Su nombre puede significar "deuda" o "lo que debe ser".

Residen en el pozo de Urðr, situado en las raíces del Yggdrasil, el árbol del mundo. Las Nornas riegan el Yggdrasil con agua del pozo para mantenerlo saludable. Además de estas tres principales, hay otras Nornas que son menos conocidas y que llegan cuando nace un niño para determinar su destino.

Nº 239.
Encantamiento para el dolor durante el parto.
Bergen, 1594.

Había nueve Marías que debían atar el dolor del parto;
una rezaba mientras la otra ataba.
Tres dedos debajo del ombligo:
"Debes permanecer atado (dolor) donde la piedra reposa hasta el día del juicio".

Este encantamiento se utilizaba para aliviar el dolor durante el parto, invocando a las nueve Marías, una variante de la figura de la Virgen María mul-

tiplicada para representar un poder mayor. Atar el dolor tres dedos debajo del ombligo simboliza un ritual para controlar y mitigar el sufrimiento físico asociado con el parto. La referencia al día del juicio enfatiza la naturaleza eterna y trascendente del alivio buscado.

Nº 240.
Encantamiento para aliviar los dolores de parto en una mujer.
a.

Jeløen (Rygge), c. 1780.

Tres doncellas (*Nornas*)
vinieron de una ciudad de Oriente,
la primera puede hilar oro,
la segunda puede aliviar los dolores de parto de la madre,
la tercera coloca todo en su lugar correcto a N.N. (*nombre de la persona*).
Y esto se afirma y asegura en el Nombre del Padre,
del Hijo y del Espíritu Santo.

Este encantamiento refleja el uso de figuras simbólicas en la medicina popular para aliviar el dolor del parto. Las "tres doncellas" se refiere a las tres Nornas y representan diferentes aspectos de la asistencia en el parto, cada una con una habilidad específica: hilar oro (símbolo de transformación y creación), aliviar el dolor de la madre, y asegurar que todo esté en su lugar correcto. Este tipo de encantamiento muestra cómo la magia y la espiritualidad se entrelazan en prácticas tradicionales para brindar apoyo durante momentos significativos de la vida, como el nacimiento de un niño.

Nº 240.
Encantamiento para calmar a los animales.
b.

Jeløen (Rygge), c. 1800.

Tres doncellas (Nornas) vienen del norte;
la primera puede hilar oro,
la segunda puede calmar a los animales,
y la tercera puede poner todo en su lugar correcto.
En el Nombre del Padre, del Hijo y del Espíritu Santo.

Este encantamiento refleja la creencia en la capacidad de figuras simbólicas para influir en el comportamiento y el bienestar de personas y animales. Al igual que en el encantamiento anterior, la primera doncella tiene la habilidad de hilar oro, lo que sugiere un proceso de transformación y creación. La segunda doncella tiene la capacidad de calmar a los animales, lo que podría interpretarse como una forma de gestionar y controlar el presente posiblemente durante momentos de estrés o inquietud. La tercera doncella pone todo en su lugar correcto, lo que puede ser visto como una metáfora para restablecer el equilibrio y la armonía. Estos encantamientos muestran cómo las prácticas mágicas y espirituales se utilizaban para abordar las preocupaciones cotidianas relacionadas con la agricultura y la cría de animales.

Nº 241.
Encantamiento para calmar al ganado.

Jeløen (Rygge), c. 1780.

Tres mujeres están sentadas
bajo el techo del granero;
una hila hilo rojo,
la segunda lo tuerce,
y la tercera viaja hasta el fin del mundo
para colocar correctamente el "Bolen".
Nadie debe desatarlo,
ya que de lo contrario,
se irá la paz.

Este encantamiento parece estar relacionado con la protección y el manejo del ganado. Las acciones de hilar y torcer el hilo rojo, así como el viaje de la tercera mujer hasta el fin del mundo, podrían simbolizar un proceso mágico o ritual para asegurar que el ganado se mantenga tranquilo y controlado. La advertencia final de no desatar el "Bolen" sugiere que este encantamiento es una forma de sellar o fijar un estado deseado, asegurando la estabilidad y la seguridad del ganado. Bolen debe ser un término posiblemente relacionado con el equilibrio.

Nº 242.
Para curar enfermedades maternas.
Valdres, 1880.

Tres hermanas caminaban a través del valle,
y encontraron un ovillo de hilo.
La primera lo encontró,
la segunda lo ató,
y la tercera ató el estómago
y la enfermedad materna.
Se debe rezar el Padrenuestro tres veces.

Esta fórmula mágica parece estar dirigida a aliviar dolencias relacionadas con la maternidad o problemas ginecológicos. El acto simbólico de encontrar y atar el ovillo de hilo, seguido por la acción específica de atar el estómago y la enfermedad materna, sugiere una práctica de inmovilización del dolor que tiene efectos curativos.

Nº 243.
Para enfermedades maternas.
Urskog, 1815.

Jesús y San Pedro iban caminando;
se encontraron con tres hermanas
que venían del este
y se dirigían hacia el oeste.
Una de ellas ataba,
otra lavaba,
y la tercera restauraba la maternidad
a su estado original.

Esta fórmula sugiere un ritual de curación para tratar enfermedades relacionadas con la maternidad. La acción de las tres hermanas (las Nornas), con cada una desempeñando un papel específico en el proceso de curación, indica un enfoque holístico de la sanación. Atar, lavar y restaurar representan simbólicamente las etapas de contención, purificación y recuperación, respectivamente. La presencia de Jesús y San Pedro implica un sello de bendición divina o aprobación para el proceso de curación.

Nº 244.
Para fijar la matriz en una mujer.
Eker, c. 1800.

Iba caminando;
me encontré con tres doncellas.
Una hilaba, otra ataba, y la tercera era la Virgen María,
que ponía la matriz en su lugar.

Esta fórmula se refiere a un ritual que implica a tres figuras femeninas, cada una con una tarea específica, para tratar problemas relacionados con la matriz en las mujeres. El acto de hilar, atar y, finalmente, la intervención de la Virgen María para "poner la matriz en su lugar" evidencia el objetivo de esta fórmula.

Nº 245.
Contra el flujo vaginal anormal.
Nordfjord, 1862.

Me encontré con tres doncellas en una arena blanca.
Una escupió, otra hiló, y la tercera recitó para el flujo vaginal anormal.

En este texto, se describe un encuentro con tres doncellas, cada una realizando una acción diferente. La combinación de estas acciones —escupir, hilar y recitar— se presenta como un remedio para tratar problemas de flujo vaginal anormal.

Nº 246.
Para la pesadilla.
Fron (Gudbrandsdalen), c. 1830.
Heyerdahl, Descripción de Urskog, Página 165.
Urskog, 1882.

Tres doncellas caminaban,
una era el Sol,
otra la Luna,
y la tercera era la Virgen María.
Ellas ataron a la terrible pesadilla con bandas de plata y bandas de oro
tan fuertemente como a un demonio encadenado en la oscuridad.

En esta fórmula se describe un ritual simbólico para protegerse o curarse de la pesadilla. La presencia de figuras simbólicas como el Sol, la Luna y la Virgen María sugiere una fusión de elementos paganos y cristianos. El acto de atar la pesadilla con bandas de plata y oro simboliza la restricción y control sobre las fuerzas oscuras o malévolas, reflejando la creencia en la capacidad del ritual y los símbolos sagrados para proteger contra las influencias negativas durante el sueño. Como en todas las fórmulas de este capítulo, las doncellas son las Nornas y en esta fórmula, como en la 244, la Virgen María es una de ellas en un ejercicio de cristianización de la mitología nórdica.

Nº 247.
Para la pesadilla infantil.
Ringerike, 1885.

Jesús estaba sentado en una lina azul (*tipo de planta*),
dispuesto a atar la pesadilla infantil.
Nuestro Señor Jesús la ató, y la Virgen María la protegió.
¡Que Dios permita que este niño repose en paz,
como antes lo hacía!

Este texto sugiere un ritual para proteger a los niños de las pesadillas. Jesús y la Virgen María son invocados para atar y proteger contra estas fuerzas oscuras, mostrando la influencia del cristianismo en las prácticas mágicas. El acto de atar y proteger indica un deseo de controlar o neutralizar las influencias negativas que perturban el sueño de los niños, proporcionando paz y seguridad.

Nº 248.
Para el dolor de estómago.
Storelvedal, c. 1890.

La Virgen María tenía tres hijas,
una dentro, otra fuera, y la tercera a través de su vientre.
En el Nombre del Padre, del Hijo y del Espíritu Santo.

Este texto parece ser una fórmula mágica o un conjuro utilizado para aliviar el dolor de estómago. Invocando a la Virgen María y sus tres hijas, la oración busca proporcionar alivio "dentro", "fuera" y "a través" del vientre, que puede simbolizar diferentes aspectos o áreas de malestar estomacal. La mención de "dentro" y "fuera" podría referirse a causas internas y externas del dolor, mientras que la "tercera a través del vientre" podría simbolizar la curación que atraviesa el centro del malestar.

Nº 249.
Alivio del dolor tras haber hecho un conjuro.
Skaabu (Gudbrandsdalen), Dovre, c. 1800.

Tres doncellas descendieron del cielo,
una llevaba una luz,
otra llevaba un espejo,
y la tercera llevaba un calmante para aliviar el dolor y la hinchazón.

Fórmula mágica o un encantamiento para aliviar el dolor, posiblemente después de haber realizado un conjuro o tratamiento. La presencia de tres doncellas simbólicas del cielo, cada una portando un objeto diferente —una luz, un espejo y un calmante— sugiere una ceremonia de sanación o un ritual. La luz puede simbolizar la iluminación o la claridad en el proceso de curación, el espejo podría representar la reflexión o el examen interior, y el calmante, obviamente, es para aliviar el dolor físico o emocional.

Nº 250.
Para atar el dolor.
Jeløen (Rygge), c. 1780; Gausdal, 1880.

Tres mujeres vinieron del Este.
Ellas caminaron en fila, diciendo que atarían el dolor.
La primera se llamaba Vis,
la segunda Vas,
y la tercera Virgen ató el dolor firmemente.
En el nombre del Padre, del Hijo y del Espíritu Santo.

Esta entrada, como la anterior, parece ser una fórmula mágica o un encantamiento, esta vez centrado en el acto de aliviar el dolor. La mención de tres mujeres que vienen del Este y la específica mención de sus nombres (Vis, Vas y una figura virginal) sugiere de nuevo que se trata de las tres Nornas. El hecho de que caminen en línea y declaren su propósito de atar el dolor implica una intención deliberada y concentrada.

Nº 251.
Para Atar el dolor en una mujer.
Jeløen (Rygge), c. 1780.

Llegaron las mujeres santas y pusieron sus manos sobre la mujer;
la primera dijo:
"¡Calma, Madre!"
La segunda dijo:
"¡Quédate tranquila!"
La tercera dijo:
"¡Quédate en calma y serenidad!"
Y eso por la Crux de Christi † Clavis.

Esta entrada es otra fórmula mágica, enfocada en calmar o atar el dolor especialmente en una mujer. La repetición de las palabras "calma", "tranquila" y "serenidad" enfatiza la intención de traer paz y estabilidad a la persona afectada. La mención final de la "Crux de Christi † Clavis" (que significa Cruz de Cristo † llave en latín) indica la invocación de poderes sagrados para asegurar la eficacia del encantamiento.

Nº 252.
Para aliviar el dolor.
Nordfjord, 1862.

Tres doncellas vinieron caminando,
una llevaba agua, otra incienso,
y la tercera tenía el alivio del dolor para sanar las heridas de Jesús.
Jesús tenía el dolor que debía ser aliviado;
Jesús despertó, el dolor mejoró.
Jesús con su poder alivia todo dolor y quemazón.
En el Nombre del Padre, el Hijo y el Espíritu Santo. Amén.
Padre Nuestro 3 veces.

Esta fórmula mágica invoca el poder curativo de Jesús para aliviar el dolor y la quemazón. Las "tres doncellas" que llevan elementos simbólicos (agua, incienso y un alivio para el dolor) pueden representar la combinación de prácticas mágicas y religiosas. La figura de Jesús se presenta como receptor del dolor y a la vez como una fuente de poder curativo, capaz de despertar y mejorar el estado de quien sufre.

Nº 253.
Para el ganado encantado.
Urskog, 1815.

Tres sabias mujeres iban caminando
y se encontraron con un pastor y su rebaño llorando lágrimas de sangre.
"¿Qué os aflige?" preguntaron las tres sabias mujeres caminantes.
"Mi rebaño ha sido robado de su fuerza y su sangre,
toda su fuerza y poder han sido sustraídos."
"Debes ir a por la bendita y hermosa raíz de Vendeis."
"¿Estás ahí, hermosa amiga? ¿Por qué eres buena?
Soy buena para la enfermedad del valor, para la enfermedad de la sangre,
para todo el mal que mi rebaño pueda tener.
Que el rebaño vuelva a casa fuerte y sano, vuelve a casa con astillas saltando,
mantequilla amarilla, ubre grasa como la carne, llena como un huevo."

Esta fórmula mágica invoca el poder de las "tres sabias mujeres" y la raíz de Vendeis, conocida por sus propiedades curativas, para restaurar la salud y la vitalidad del ganado afectado por maleficios. La descripción poética de la recuperación del rebaño, con imágenes de astillas saltando, mantequilla amarilla y ubres llenas, evoca una recuperación completa y próspera. El énfasis en la fuerza, la salud y la abundancia subraya el vínculo entre la magia, la naturaleza y la prosperidad en la vida agrícola.

Nº 254.
Palabras para evitar los disparos.
Storelvedal, 1850.

Hay tres hermosas doncellas,
para alejar los tiros certeros,
para alejar los tiros malvados,
y para alejar todo mal que vuele.
En el nombre de Dios Padre,
en el nombre del Hijo de Dios,
en el nombre del Espíritu Santo. Amén.
Reza el Padre Nuestro 3 veces.

Este encantamiento está dirigido a proteger contra los disparos, tanto físicos como energéticos (energías negativas). Las "tres hermosas doncellas" son las tres Nornas, diosas que ofrecen protección. La referencia a "todo mal que vuele" sugiere una intención de protección general contra fuerzas malignas o dañinas.

Nº 255.
Para sanar el cólico.
Jeløen (Rygge), alrededor de 1780.

Tres personas estaban deliberando.
La primera dijo:
"Yo aconsejo un remedio."
La segunda dijo:
"Quédate tranquilo como el mar
después de la voluntad de Jesús,
debes permanecer muy quieto."
Se completa y se lleva a cabo con estas palabras que siguen:
† ἐν τούτῳ Kistu.
La cruz de Cristo es la llave.

La fórmula para el cólico refleja un patrón común en la medicina popular y la magia simbólica, donde el poder de las palabras y la autoridad de figuras sagradas se invocan para calmar el dolor. La mención de "Kistu" acompañada por letras griegas es una invocación de Cristo mismo como una clave o solución, indicando que en su nombre se puede encontrar alivio. La recomendación de permanecer quieto como el mar postula una relación entre la naturaleza y la salud, sugiriendo que la paz y la estabilidad son curativas.

Nº 256.
Para tratar la herida por arma de proyectil.
Urskog, 1882.

Llegaron tres hombres del bosque desde el norte;
uno trató la herida por arma de proyectil,
el otro trató la herida por postilla,
y el tercero trató todas las demás heridas por proyectil
que hay en el mundo.
Y ahora te trataré.
En los 3 Nombres (de Dios).

Se nombran tres hombres asociados con la naturaleza o el bosque y con capacidad para curar o tratar dolencias específicas. Los "tres hombres del bosque" podrían ser vistos como figuras sabias con habilidades especiales para sanar. La especialización en diferentes tipos de heridas sugiere un tratamiento más personalizado.

Nº 257.
Para calmar el disparo mágico.
Dovre, 1864.

Llegaron tres grandes lapones
desde la gran Laponia,
que trataban los disparos
y los disparos de los lapones,
los disparos del este
y los disparos del oeste
y todo tipo de disparos
que vuelan entre el cielo
y la tierra, entre la luna y el sol.

Esta fórmula sugiere una intervención mágica contra los "disparos mágicos", que podrían interpretarse como maleficios o ataques espirituales enviados a una persona. La referencia a los "tres grandes lapones" puede estar asocia-

da con la percepción de que las personas de Laponia (Sápmi) tenían conocimientos profundos de la magia y la sanación. Los "disparos" mencionados probablemente no son físicos, sino más bien ataques espirituales o maldiciones. El tratamiento de estos ataques de todas direcciones refleja la creencia en la omnipresencia de las fuerzas maléficas y la necesidad de protección en todas las esferas de la vida.

Nº 258.
Para tratar el robo de energía y poder.
Urskog, 1815.

Llegaron tres sabios del Este;
uno trató el robo de energía vital,
el segundo trató el robo de poder,
y el tercero trató todo lo malo
que existe en el mundo.
En los tres preciosos nombres: Padre, Hijo y Espíritu Santo.
Y el Padre Nuestro.

Esta fórmula es un encantamiento para proteger o curar a alguien que ha sido afectado por diferentes tipos de daño espiritual o mágico, particularmente el "robo" de energía vital o poder. La referencia a "tres sabios del Este" es reminiscente de la historia bíblica de los tres Reyes Magos, lo que podría indicar que estos "sabios" tienen habilidades especiales para tratar con fuerzas ocultas o malévolas.

Nº 259.
Para dolor y ardor.
Ringerike, 1885.

Nuestro Señor Jesús caminaba;
se encontró con tres ángeles de Dios.
El primero llevaba fuego, el segundo llevaba azufre,
y el tercero debía tratar el dolor y el ardor.
No debe doler ni arder,
debe estar tan claro como cuando el sol se levanta del este.
En los 3 N.

Esta fórmula es un conjuro de curación o alivio para el dolor físico y la sensación de ardor. La presencia de los tres ángeles de Dios, cada uno llevando elementos potencialmente destructivos como el fuego y el azufre, sugiere que tienen el poder de transformar o controlar estas fuerzas. El tercer ángel, que se encarga de aliviar el dolor y ardor, indica una intervención divina para sanar. El simbolismo del sol naciente del este proporciona una imagen de renovación y esperanza, sugiriendo que el afectado por el dolor puede esperar una clara mejora o curación. Invocar los "3 N." refuerza la solicitud de intervención divina, pidiendo al Padre, al Hijo y al Espíritu Santo que traigan alivio y claridad al sufrimiento.

Nº 260.
Encantamiento para detener el sangrado y el dolor.
Romedal, alrededor de 1780.

Hay tres pájaros volando en el cielo,
sangre de búho,
sangre de golondrina,
sangre de cuervo.
¡Detente, dolor y sangre!
En los 3 nombres del Padre, Hijo y Espíritu Santo.
Amén.

Este encantamiento utiliza la imagen de tres aves específicas, cada una asociada con ciertos simbolismos mágicos y la tradición cristiana. La sangre de estas aves, que podría tener connotaciones mágicas o curativas, se invoca para detener el dolor y el sangrado.

Nº 261.
Encantamiento para detener el sangrado y el dolor.
Storelvedal, alrededor de 1830.

Tres aves vuelan bajo el cielo,
donde la sangre se detiene.
Así también,
que el ardor y la sangre
se detengan en [N.N.].
En el nombre del Padre, del Hijo y del Espíritu Santo.
Tres Padrenuestros.

La referencia a la sangre que se detiene es una metáfora del alivio de la aflicción o el cese del sangrado físico.

Nº 262.
Encantamiento de curación y protección.
Urskog, alrededor de 1815.

Cuatro vírgenes vinieron montando,
unas cabalgando y otras deslizándose.
Se oscurecen en la sangre,
se oscurecen en la mantequilla,
se oscurecen de siete maneras, se oscurecen.
Nuestro Señor Jesús tomó a San Pedro y lo asó en una parrilla:
"nada debería quemar,
pero debe crecer y florecer, como la hierba crece
en la tierra santa."
En el nombre del Padre, del Hijo y del Espíritu Santo.

Encantamiento para promover la curación y la protección, utilizando la imagen de cuatro vírgenes en movimiento, cuyas acciones representan diversos estados o transformaciones. La referencia a oscurecerse en la sangre y en la mantequilla podría simbolizar un proceso de purificación o cambio, donde las vírgenes pasan por varias fases.

El acto de asar a San Pedro en una parrilla, aunque simbólico, sugiere una demostración de protección. El final de la fórmula, donde se dice que nada debe quemar pero todo debe crecer y florecer, insinúa que, a pesar de las dificultades o pruebas (simbolizadas por el fuego), hay un renacimiento o rejuvenecimiento, similar a cómo crece la hierba en la tierra santa, un lugar de pureza y santidad. La fórmula apunta a la idea de resiliencia y renovación después de las pruebas.

Nº 263.
Encantamiento para aliviar los dolores de parto de las mujeres.
C. 1750.

Lee estas palabras en aceite, té, agua o sal y
dáselo a la mujer para que lo coma o beba.
Cuando Jesucristo iba a nacer,
la partera calmó los dolores de parto
de la Virgen María para su bienestar,
con estas palabras:
"Dolor y sufrimiento, apacíguate,
no te harán más daño que a mí.
Tú darás a luz al Salvador del Mundo,
te saludo con este mensaje."
Todos los dolores y sufrimientos de las mujeres en parto
deben conmover a Jesús y a la Virgen María.
Jesús, con tu bondadosa Madre,
que es y seguirá siendo para todo bien,
pide a tu Madre que venga
a liberar a esta mujer
de sus dolores de parto y sufrimientos en el nombre de Jesús.
En el nombre del Padre, del Hijo y del Espíritu Santo.
Padre Nuestro.

Este encantamiento es una oración de alivio para las mujeres en trabajo de parto. Se sugiere leer las palabras en aceite, té, agua o sal y luego dárselas a la mujer para consumir, lo que sugiere una práctica de curación que implica tanto lo espiritual como lo físico.

V. LAS LLAVES: ATAR Y PARALIZAR

Nº 264.
Gjætersang (canción del pastor).
Søndmøre, 1811.

Gjuro me enseñó a pastorear,
Asamøi, la preciosa,
me enseñó a guiar a mi rebaño sobre el arroyo y el puente,
con gracia y destreza.
Ven aquí, Asamøi con tu hermana,
con nueve manos y una llave en la mano
para morder a cada animal herido en su tumba.
(En un tono diferente, como respuesta del llamado:)
En el Bosque no se daña a ningún animal, excepto perros y gatos:
Ibbe, Ribbe, diente y lengua,
Sliti, Titi, con su cría,
Tarpe, Skarpe, aguijones y huesos, deben saborear y morder piedra
y no hueso.
Deben beber del lago
y no del arroyo.
Deben ser llevados a su perdición,
ese es su hogar. Tral, lal, lal,
Trum, rum, rum.

Esta canción del pastor, originaria de Søndmøre en Noruega, parece ser una mezcla de una invocación pastoral y un encantamiento mágico. La canción invoca a Gjuro y Asamøi, probablemente figuras míticas o simbólicas relacionadas con la protección del rebaño y el pastoreo. La segunda parte de la canción parece ser una especie de encantamiento o maldición dirigida a ciertos animales o fuerzas que puedan dañar el rebaño, posiblemente evocando la idea de proteger a los animales de influencias malignas o dañinas. La mención de "nueve Manos y una Llave" y la descripción de cómo los animales dañinos deben ser tratados sugieren un fuerte elemento mágico o ritualístico en la canción. No deja de ser un poco confusa la letra de esta canción de magia popular.

Nº 265.
Skrubbe-Bøn (Oración de Skrubbe).

Telemarken, 1880.

Mari, la hábil, sabe bien pastorear,
Gunnvoll, la preciosa, sabe bien guiar su ganado,
sobre el Arroyo y el Puente,
con la fe de Jesús y la Virgen María.
Yo tomo prestadas tus llaves celestiales
y muerdo todos tus animales enfermos,
para que no puedan mover ni la boca
ni las patas, hasta que estén tan lejos de mis ovejas y ganado
que no puedan ni oír ni ver,
entonces pueden irse, a donde quieran.

Esta oración, conocida como "Skrubbe-Bøn" en Noruega, parece ser una fórmula mágica destinada a proteger el rebaño del pastor. La oración invoca a Mari y Gunnvoll, que se presentan como guardianes o protectores del ganado, posiblemente figuras míticas o deificados del folclore local. El uso de "llaves celestiales" sugiere un elemento de control o dominio sobre las fuerzas naturales o espirituales, y la acción de "morder" a los animales enfermos podría simbolizar una forma de exorcismo o protección mágica para asegurar que las influencias negativas se mantengan alejadas del rebaño del pastor.

En las fórmulas de este capítulo de las llaves, suele aparecer el símbolo rúnico de la llave celestial. He añadido el símbolo cuando he visto que en el libro del Dr. Bang no aparece.

Nº 266.
Proteger a sus animales de lobos y osos.
Urskog, 1813.

Lee estas palabras sobre sal 3 veces:
Virgen Maja y Mete pueden pastorear bien;
la Reina Dyre puede guiar bien,
ella guía.

Este conjuro, se enfoca en proteger al ganado de las amenazas de lobos y osos. Se recomienda leer estas palabras en sal tres veces, una práctica que combina elementos de magia de protección y rituales cristianos. La mención de la "Virgen Maja" y "Mete", junto con "Dronning Dyre" (Reina Dyre), sugiere la invocación de figuras protectoras, posiblemente personificaciones de la naturaleza o deidades locales, para la seguridad del ganado. El uso de la sal como medio para leer las palabras refuerza la creencia en su poder purificador y protector, una idea común en varias tradiciones místicas y religiosas. La sal, una vez conjurada, se solía tirar en las esquinas del establo o sobre el ganado.

Nº 267.
Oración contra los osos.
Telemarken, c. 1880.

Libero mi rebaño y protejo mis vacas en la fe de Jesús y la Virgen María.
Tomo prestadas tus llaves celestiales.

Este decreto e invocación a las llaves celestiales se enfoca en la protección de los animales de granja, particularmente las vacas, contra los osos. El texto muestra una invocación a Jesús y la Virgen María para la salvaguarda del ganado, destacando la influencia cristiana en las prácticas de protección y bendición del ganado en la cultura nórdica de la época. El uso de "llaves celestiales" en la oración simboliza la apertura de puertas de protección y bendición o el cierre de puertas a influencias negativas y peligros.

Nº 268.
Conjuro contra Enanos*.
Jeløen (Rygge), c. 1780.

Yo tomo prestadas las llaves celestiales
y cierro el paso a los enanos y espíritus malignos, troles y demonios,
para que no encuentren tranquilidad ni descanso,
ni se deleiten o prosperen, hasta que N.N. recupere su salud y bienestar.
Y esto se hará realidad y ocurrirá mediante la *Crux Christi † Clavis est Paradisi*. Puede ser utilizado para personas y animales.

De nuevo el símbolo de las llaves celestiales. De entre sus muchas propiedades, en este caso se invocan para atraer protección.
**Reciben el nombre de enanos en la magia nórdica, seres malévolos y negativos. No tiene ninguna relación con el significado en español.*

Esta fórmula invoca la protección celestial para cerrar el acceso a los enanos y otros seres sobrenaturales malévolos, asegurando que no encontrarán paz o confort hasta que la persona o animal mencionado (N.N.) recupere la salud y la curación. La frase final "Crux Christi † Clavis est Paradisi" se traduce como "La Cruz de Cristo † es la llave del paraíso", lo que implica que la sanación y la protección se garantizan por la autoridad de Cristo.

Nº 269.
Conjuro contra la posesión de un espíritu negativo.
Jeløen (Rygge), c. 1780.

He tomado la llave celestial y le he cerrado las puertas al espíritu negativo,
excluyéndolo del Cielo y de la Iglesia,
encerrándolo en el Infierno y en la tumba,
y lo sello con la petición eterna sobre el espíritu que ha engañado a N.N.
Que no tenga libertad hasta que N.N. se recupere y esté sano de nuevo.
Se cumple por la Clave de Cristo que es la Llave del Paraíso.
(Christie Clavis est Paradisi).

Este texto es un conjuro o exorcismo usado para protegerse o liberarse de un espíritu maligno o de la influencia de una persona fallecida. La frase "Clavis est Paradisi" se repite como un mantra o fórmula para reforzar la protección y el sello contra la entidad. De nuevo una fórmula en la que la liberación del espíritu negativo pasa por la liberación de la persona atacada. La referencia a la llave celestial indica otra de sus muchas propiedades, en este caso para alejar entidades negativas que confunden al poseído.

Nº 270.
Conjuro contra los bloqueos.

Jeløen (Rygge), c. 1780.

He tomado la llave celestial,
y con ella abro todas las obstrucciones y bloqueos en N.N.,
ya sean internos o externos,
de sangre o de fluidez,
así como Jesús nos abrió el camino al Reino de los Cielos.
Y esto se cumplirá y se llevará a cabo
mediante el signo de Jesús †
y por la Clave de Cristo que es la Puerta del Paraíso
(Crux Christi Clavis Est paradisi).
Se lee en sal o aguardiente, si no pueden llegar al lugar donde se encuentra la persona o el animal.

La fórmula indica cómo trabajar en la distancia a una persona afectada por bloqueos. El hecho de que la oración deba ser leída en sal o aguardiente puede reflejar la creencia en la potencia mágica de ciertas sustancias para transportar o activar la eficacia de la oración o la bendición. Tanto la sal como el alcohol se consideran medios potentes para la purificación y la protección.

Nº 271.
Conjuro contra bloqueos y maldiciones.
Jeløen (Rygge), c. 1780.

Hoy he tomado la llave celestial,
y con ella desbloqueo todas las obstrucciones y ataduras,
y libero todas las ligaduras,
curando todo daño causado por accidentes o desgracias,
por personas malvadas o espíritus malignos.
Y si él ha sido agarrado o afectado ya sea por el aire,
la tierra o el agua, o ha sufrido un agarre en la cabeza,
un agarre en el cuello, un agarre en la montaña,
un agarre en la casa,
ya sea del norte o del sur, del este o del oeste,
por accidente o desgracia,
entonces a quienes lo han realizado no se les permitirá descanso o tranquilidad,
ya sea bajo tierra o sobre ella,
ya sea en el aire o en el agua,
o en cualquier lugar,
hasta que N.N. recupere su salud y se cure de nuevo.
Y esto se cumplirá y se realizará a través de Jesús y la llave de la Cruz de Cristo.
En el nombre del Padre, del Hijo y del Espíritu Santo.

Este conjuro es una fórmula mágica de liberación o curación que utiliza elementos cristianos para aliviar y liberar a una persona de aflicciones físicas o espirituales, causadas por fuerzas sobrenaturales o maleficios.

Nº 272.

Para que ni lobos, osos ni personas envidiosas dañen al ganado.

Publicado en "El Libro Negro", en Skiil. Mag. de 1859, Pág. 220.

Lee esto en la sal del ganado y dáselo a todos los animales,
tanto grandes como pequeños, antes de que salgan del establo:
En el nombre de Jesús
libero a mi ganado
íntegro y completo
lo pongo en manos de Dios
sobre arroyos y puentes
todo en la fe de Dios.
San Ole tan piadoso
tomó la llave en mano y dijo:
Yo ato la mordida del lobo
y el abrazo del oso,
la mano de las brujas
y el hombre envidioso
y todo lo malo que pueda ocurrirles.
En los 3 Nombres [del Padre, del Hijo y del Espíritu Santo].

Este texto parece ser una oración o encantamiento para proteger al ganado de daños causados por animales salvajes o por la mala voluntad de las personas. La mención de San Ole, que puede referirse a un santo patrón, y el acto de atar las amenazas mencionadas, sugiere una práctica de magia protectiva cristianizada, donde se combinan elementos de la fe cristiana con prácticas populares de protección.

Nº 273.
Protección para el ganado.
Urskog, 1815.

Lee estas palabras en la puerta de la casa o establo
el 3 de mayo y el 14 de septiembre:
En el nombre de Jesús
libero a mi ganado;
12 ángeles de Dios van con ellos,
tres para los lobos,
tres para los osos,
tres para el pequeño tronco obstaculizador.
Levántate, tú, la feroz llama de Jesús,
toma las llaves en tu mano derecha,
vuela sobre montañas, barrancos limpios,
llévate el ave que todo el mundo quiere destruir.
En los 3 Nombres [del Padre, del Hijo y del Espíritu Santo].

Este texto es un conjuro o un encantamiento para proteger a las vacas y al ganado en general. Se mencionan específicamente fechas en las que se debe recitar la oración, sugiriendo que pueden ser días considerados significativos para la protección del ganado. La invocación de los "12 ángeles de Dios" y la asignación de ángeles para proteger contra amenazas específicas como los lobos y los osos muestra una mezcla de creencias cristianas con prácticas folclóricas. El "pequeño tronco obstaculizador" podría ser una metáfora de cualquier obstáculo o peligro que el ganado pueda enfrentar. La referencia a la "feroz llama de Jesús" y la acción de volar sobre montañas y barrancos para proteger al ganado, sugiere la invocación de poderes divinos para la protección y el cuidado del ganado en el campo.

Nº 274.
Conjuro para amedrentar a osos y lobos.
Romedal Jeløen (Rygge), c. 1780.

Guardo mi rebaño y libero mi ganado,
lo libero en el nombre de Jesús.
Lo atraigo hacia el verde prado,
donde debe vagar con las benditas llaves de Jesús.
Te amedrento, oso y fuerza del oso,
te amedrento, lobo y colmillo del lobo,
amedrento a todas las bestias del bosque
excepto a nuestro perro de pastoreo.
En el Nombre de Dios Padre, Hijo y Espíritu Santo. Amén.

Este texto es un conjuro para proteger al ganado de depredadores como osos y lobos. La mención de "guardar mi rebaño y liberar mi ganado" sugiere un acto simbólico de protección. La referencia a "las benditas llaves de Jesús" implica una invocación de protección divina. El acto de "amedrentar" a los osos y lobos, y a "todas las bestias del bosque" excepto al perro de pastoreo, indica un deseo de mantener a raya a los depredadores naturales del ganado. La oración concluye con una invocación trinitaria, común en las prácticas cristianas.

Nº 275.
Una oración para mujeres que cuidan el ganado al liberar sus ovejas y ganado en la mañana.

Jeløen (Rygge), c. 1780.

En el nombre de Jesús libero
a mis ovejas y ganado,
fuertes y sanos en médula y hueso,
en gracia y bienestar.
Si se encuentran con hombres envidiosos
y mujeres hechiceras,
entonces ato sus dientes y lenguas,
corazones, hígados y pulmones.
Expulso la envidia y la hechicería
de la médula al hueso,
del hueso al tejido,
del tejido a la piel,
y luego al aire y al viento,
y nunca más a mis criaturas causarán daño
más que el rocío se convierte
en piedra bajo el sol.
Y en el Nombre de la Cruz de Cristo, Clave del Paraíso.

Este texto parece ser una oración protectora dirigida a mujeres que trabajan con ganado y ovejas. La oración invoca protección y bienestar para el ganado, y también busca protegerlos de influencias negativas como la envidia y la brujería. La parte de "atar su diente y lengua, corazón, hígado y pulmones" se interpreta como una forma de neutralizar cualquier daño potencial de personas malintencionadas. La oración concluye con la invocación de la cruz de Cristo como una "Clave del Paraíso", lo que implica un deseo de protección divina y bendición celestial.

Nº 276.
Para ahuyentar al oso y al lobo.
Eker
c. 1800 y c. 1850.

En el nombre de Jesús
libero a mis criaturas en el campo.
Jesús y la Virgen María
tomaron sus tres pequeñas llaves
y ahuyentaron a todas las bestias que vagan por el bosque.
En el nombre del Padre, del Hijo y del Espíritu Santo.
Tres veces Padre Nuestro.

Este texto es un conjuro para proteger al ganado de los depredadores, especialmente osos y lobos. La invocación de "Jesús y la Virgen María" y el uso de "sus tres pequeñas llaves" simboliza el poder de protección divina. La mención de "ahuyentar a todas las bestias que vagan por el bosque" indica una petición específica para mantener a salvo al ganado de las amenazas naturales.

Nº 277.
Conjuro para proteger al ganado de osos y lobos.
Publicado en Theol. Tidsskrift R II, B X, Página 183.
Urskog, 1815.

Se lee sobre la sal 3 veces junto con el Padre Nuestro y se da al ganado la primera mañana que se sueltan.
La Virgen María suelta su vaca en el bosque verde,
entonces se arrodilla y toma sus llaves de su cinturón.
Lee todo para la defensa contra dientes de lobo
y dientes de oso, contra dientes de zorro,
y contra todos los animales del bosque.
Y luego ata hígado, pulmones,
corazón, riñones y lengua:
"Y no te desatarás
mientras camines en mi propiedad."
En el nombre del Padre, del Hijo y del Espíritu Santo.

La invocación de la Virgen María y el acto de arrodillarse y tomar llaves simbolizan una acción de protección y control sobre las fuerzas sobrenaturales. La mención de atar los órganos internos de los animales peligrosos va dirigida a neutralizar su capacidad de dañar al ganado.

Nº 278.

Contra lobos y osos.

Descripción de Urskog, Página 173, Lørdags Aftenblad 1865, Página 50.

La Virgen María despertó a su bendito hijo,
fue al establo y dijo:
"Cierra la puerta a los dientes de lobo
y a los ataques de oso,
contra brujas y todos aquellos que quieran
dañar a mis animales."
En el nombre del Padre, del Hijo y del Espíritu Santo.
Luego, el Padre Nuestro.

El acto de ir al establo y despertar al hijo sugiere una intervención inmediata y directa en una situación de peligro. La oración se enfoca en cerrar el paso o neutralizar las amenazas, tanto naturales como sobrenaturales, que podrían afectar al ganado.

Nº 279.
Contra hechizos y maleficios.
Jeløen (Rygge), c. 1780.

La Virgen María pidió a su hijo Jesús que cerrara el paso a las brujas,
a los hombres envidiosos, duendes y enanos,
lobos y zorros,
y a todos aquellos que quisieran dañar a sus criaturas.
Jesús dijo:
"Mira, tengo las llaves del cielo y del infierno
y encerraré a los malvados demonios
y a los hombres envidiosos en el infierno,
los que miran con envidia
y codicia los bienes de su prójimo."
Y luego se sella y cierra para las propiedades de N.N.,
para que no sufran daño.

Que se cumpla y se haga en nombre de Jesús
y en el del Padre, el Hijo y el Espíritu Santo.

Este texto presenta una invocación para proteger a los animales de fuerzas sobrenaturales malévolas, incluyendo brujas y criaturas míticas. La Virgen María intercede ante Jesús, que tiene el poder de cerrar el acceso tanto al cielo como al infierno, para proteger las posesiones de una persona de daños causados por la envidia y la malicia. Jesús, con su autoridad, asegura que los que miran con malas intenciones serán confinados al infierno.

Nº 280.

Conjuro para abrir caminos y contra hechizos y maleficios.

Jeløen (Rygge), c. 1780.

Por las palabras de Jesús,
abriré todas las obstrucciones y bloqueos,
tanto internos como externos.
Ya sean causados por sangre o fluido,
por hechizo o accidente,
en diente o lengua, corazón,
hígado y pulmones,
voz o habla, serán liberados y tendrán libertad.
Mediante la fórmula de Jesús y sus propias palabras:
effata, effata, effata. Crux Christi Clavis Est Paradisi
(La Cruz de Cristo es la Llave del Paraíso).

Este texto es una invocación para liberar de todo tipo de obstáculos o bloqueos, ya sean físicos o espirituales. Se menciona una variedad de dolencias y situaciones que pueden ser tratadas a través de esta oración, abarcando desde problemas físicos hasta maldiciones o hechizos. La palabra mágica "effata" se repite tres veces para enfatizar la apertura de lo que está bloqueado. La referencia a "Crux Christi Clavis Est Paradisi" subraya la creencia en el poder redentor y protector de la cruz de Cristo y su capacidad para otorgar acceso al paraíso y liberación de males.

Nº 281.

Para sanar el cólico.

Jeløen (Rygge), c. 1780.

"Ato el cólico de N.N. tan firmemente como la esposa de Lot en Sodoma y el terrible Nataniel en el Infierno permanecen fijos, por el poderoso εν τουτω,
te ordeno que te calmes.
Y esto se cumple por la Crux Christi (Cruz de Cristo).
Puede leerse en sal y aguardiente o en cualquier otra cosa."

Fórmula mágica utilizada para aliviar el cólico. La fórmula invoca la estabilidad y firmeza de figuras bíblicas, como la esposa de Lot, para atar o contener el dolor del cólico. εν τουτω se traduce como "Por esto vence". Esta es una referencia al famoso dicho atribuido a la historia de Constantino el Grande, quien, según la leyenda, vio una cruz en el cielo junto con estas palabras, interpretándolo como un signo divino de que vencería en la batalla bajo el signo de la cruz cristiana. La frase completa es a menudo citada como "'Εν τούτῳ νίκα" (En toutōi nika), que en latín se dice "In hoc signo vinces", que significa "Con este signo, vencerás".

Nº 282.
Para tratar picaduras de serpiente.

Moland (Telemarken), c. 1800.

"Nuestro Señor Jesucristo iba caminando;
había una serpiente en el camino.
El Señor Jesús habló con la serpiente:
'¿Por qué picas a la gente?
Ataré tu boca,
calmaré tu picadura y tu veneno,
para que se disipe como la niebla ante el sol.'
En 3 Nombres."

Este texto es una fórmula mágica para tratar picaduras de serpientes. La acción de "atar la boca" de la serpiente y "calmar su picadura y su veneno" simboliza la neutralización del peligro y el alivio del dolor o el daño causado por la picadura.

Nº 283.
Fórmula mágica para protegerse del enemigo y contraatacar.

a.

Jeløen (Rygge), c. 1780.

"Me levanto hoy sobre mis pies de acero;
todos mis enemigos y aquellos que me envidian recibirán daño.
Yo, N.N., haré un nudo tan firme en N.N. (*el enemigo*),
que él recibirá tanto vergüenza como carga.
Ataré su mano y pie y la raíz de su corazón,
ataré su diente y lengua, corazón, hígado y pulmón.
Sí, ataré su habla y su palabra, mano y pie y su habla tan firmemente
como el cruel Diablo en el Infierno que está atado con cadenas de hierro.
Y esto se cumplirá y ocurrirá en el nombre de † Augusto. Dech Reqvition
Artis. Wichsi. Furt. Gleiken. Durchis. Mortifications. Kleiber Gri Kti Hadoch
Segene:
Mortis Firi Kausfi Es Vallus Amen †".

El texto es una fórmula mágica que tiene como objetivo atar o restringir a un enemigo o adversario. Las referencias a atar distintas partes del cuerpo sugieren un deseo de impedir que esa persona cause daño o influencia. Los términos en latín al final son palabras mágicas para conseguir el fin propuesto.

Conjuración para ganar en un proceso judicial.
b.

Urskog, 1815; Fron, 1830; Eker, 1850.

"Me levanto hoy sobre mi Pie de Acero;
todos mis enemigos y aquellos que me envidian recibirán daño.
Yo, N.N., haré un nudo tan apretado sobre N.N.,
que él recibirá tanto vergüenza como carga.
Ataré su diente y lengua, su corazón, hígado y pulmones,
sus palabras y discursos tan firmemente,
como el Diablo está en el Infierno.
Mis palabras crecerán como la hierba con la lluvia
y el rocío con el sol.
Y antes deberían el Sol y la Luna desaparecer,
antes que mi oponente obtenga justicia de mí.
Desgracia y mal
eso es lo que encontrará, eso es lo que sentirá.
En 3 Nombres".

Debe leerse en un trozo de jengibre y llevarse consigo; y cuando se esté ante el tribunal, morder un poco de él y tenerlo en la boca mientras habla en el caso, así ganarás. En los Tres Nombres.

El texto es un encantamiento destinado a asegurar la victoria en un litigio legal mediante la invocación de poderes sobrenaturales. El "Pie de Acero" sugiere una posición inquebrantable y resuelta. La mención de hacer un nudo apretado se refiere a restringir la habilidad del oponente para expresarse.

La invocación de atar las facultades del oponente (diente, lengua, corazón, hígado y pulmones) implica una estrategia de inmovilización o parálisis, en un sentido mágico, buscando evitar que el oponente actúe o se exprese eficazmente.

La comparación del encantamiento con la firmeza del Diablo en el Infierno refuerza la intención de que el conjuro sea potente e inmovilizador. La afirmación de que las palabras del invocador crecerán y tendrán fuerza, mientras que las posibilidades de éxito del oponente se comparan con la improbable desaparición del sol y la luna, subraya la confianza en la eficacia del hechizo.

Finalmente, se menciona el acto de morder un trozo de jengibre, sobre el que se ha trabajado el conjuro, mientras se está ante el tribunal, como ritual para despertar el conjuro el día del juicio.

Nº 284.
Protección para el caballo.
Urskog, 1815.

Ahora llevo a mi caballo por el camino,
sano y salvo hasta la médula y los huesos.
Si me encuentro con un hombre malvado y envidioso,
entonces ataré su diente y su lengua,
su hígado y sus pulmones,
para que queden pesados bajo la piedra
y atados bajo la montaña, y nunca más tengan el poder
sobre esta criatura.

Esta oración refleja prácticas antiguas de protección y sanación, donde se intentaba asegurar la salud y seguridad de los animales a través de rituales y encantamientos. Se busca la protección específicamente contra aquellos que podrían tener envidia o malas intenciones, como proteger al caballo de la negatividad o la mala suerte.

Nº 285.

Para contener al oso.

Nordfjord, 1862.

Quiero salir con mi ganado, ruego por mi ganado,
ruego de rodillas a Dios:
Jesús y San Pedro iban por el camino;
entonces se encontraron con el oso, peludo y gris.
"¡Átalo!",
dijo Jesús a San Pedro, y San Pedro lo ató.
De esta manera ato sus dientes y lengua,
su hígado y sus pulmones,
su amarga bilis y sus miembros.
Oh Jesús, protégelos,
no deberá dañar mi ganado,
que el Espíritu Santo lo lleve lejos por todos los caminos salvajes,
no deberá tener más poder sobre mí
que un ratón con una piedra firme,
y eso en el nombre de Dios Padre y Espíritu Santo.

Encantamiento para proteger el ganado de los peligros del oso. El acto de "atar" al oso sugiere restringir o neutralizar la amenaza que representa este animal para el ganado. La oración finaliza con una comparación de poder, donde se espera que el oso no tenga más influencia sobre el ganado que la que un ratón tendría sobre una piedra, lo cual es nula.

Nº 286.

Para neutralizar los hechizos malignos.

Romedal, c. 1780; Eker, c. 1800; Fron (Gbdl.), c. 1830; Storelvedal, c. 1830.

Nuestro Señor Jesús y San Pedro subieron al Monte de los Olivos;
allí se encontraron con hechizos y maldiciones.
Jesús dijo:
"Yo no te ataré ni con cuerda ni con hilo,
sino con el Poder de Dios
y la Fuerza de Cristo."

Este encantamiento es un ejemplo de cómo se invocaba la protección divina en la antigua cultura popular para neutralizar los hechizos o maldiciones.

Nº 287.
Para neutralizar los disparos mágicos.
Dovre, 1864.

Los discípulos de Jesús subieron por el camino del Monte de los Olivos;
allí se encontraron con 9 mujeres finlandesas y sus 9 colaboradoras.
Jesús dijo: "No os ataré ni con cuerda ni con hilo,
sino con las letras de las 30 monedas de plata por las que fui vendido,
y por las líneas de Dios bajo la protección del Sol."

Este encantamiento refleja la mezcla de elementos cristianos y paganos que a menudo se encuentran en la cultura popular. Las "9 mujeres finlandesas" pueden simbolizar fuerzas o entidades malévolas o mágicas. Jesús declara que no usará medios físicos para atar estas fuerzas, sino que emplea símbolos de su sacrificio y poder divino: las "letras de las 30 monedas de plata" (el precio de su traición).

Nº 288.
Para atar a las serpientes con palabras.
Hadeland, 1789.

La Virgen María me dio una cuerda,
y me pidió que te atara, serpiente.
Ataré tu cabeza, boca, lengua y cola,
ataré tu veneno, bilis y todo lo que hay en ti
y sobre ti, serpiente.
Deberás yacer tan quieta
desde la cabeza hasta la punta
como la bendita tierra de Dios,
y esto en el nombre de Dios Padre, el Hijo de Dios
y el Espíritu Santo. Amén.
Se debe leer tres veces donde la serpiente yace o se desplaza.

Entonces, la liberación: I. N. R. I.
En este bendito nombre de Jesús, te libero, serpiente. Ahora sé libre en el nombre de Jesús y no hagas daño a nadie.

Este hechizo es una mezcla de prácticas paganas y cristianas. Se emplea una línea simbólica dada por la Virgen María para "atar" metafóricamente a la serpiente, un acto que se interpreta como una forma de control sobre la criatura. La serpiente, a menudo vista como un símbolo del mal o la tentación, se somete a través de la invocación del poder divino cristiano, representado por las figuras de la Trinidad. El hechizo se cierra con una fórmula de liberación, que también subraya la naturaleza no dañina de la práctica, al pedir que la serpiente no cause daño una vez liberada.

Nº 289.

Arte para neutralizar víboras, culebras y serpientes.

C. 1790.

Dí estas palabras 3 veces antes de sujetarla:
La Virgen María me dio corteza y una cuerda
con la que debo atar a esta serpiente,
primero alrededor de su cabeza
luego alrededor de su cola,
para que no haga daño a ningún hombre,
y esto en el nombre de Dios Padre, Dios Hijo y Dios Espíritu Santo.
Haz una cruz sobre su cabeza y su cola, y luego podrás cogerla.

La figura de la Virgen María se invoca para obtener una cuerda mágica que, según se cree, puede controlar a las serpientes. El acto de hacer la señal de la cruz sobre la serpiente y pronunciar las palabras del hechizo pretende neutralizar el peligro potencial de la serpiente.

Nº 290.

Atar a la serpiente.

Urskog, 1815.

Maria me dio una cuerda,
y me pidió que atara a la serpiente diciendo:
"Yo ato la cabeza,
y ato el cráneo,
yo ato todo lo que en ti pueda haber.
Debes yacer bien quieta,
desde la cabeza hasta la cola."
en los Tres Nombres: Dios Padre, Dios Hijo y Dios Espíritu Santo.

Encantamiento para inmovilizar o controlar una serpiente, invocando una escena en la que la Virgen María indica cómo realizar la práctica.

Nº 291.
Atar a la serpiente.
Fron Gbdl, c. 1830; Eker, c. 1850.

"Maria iba a caminar hacia el bosque de tilos,
donde escuchó cantar a la serpiente.
Ella la ató por el cuello y la cola,
y ahí debería yacer en hibernación.
Desde la cabeza a la cola,
nunca deberá chupar sangre."

Este encantamiento parece estar dirigido a controlar o inmovilizar una serpiente, para prevenir que cause daño. El uso de la imagen de Maria (Virgen María) atando a la serpiente sugiere una intención de suprimir el mal o la amenaza que la serpiente representa. La referencia a la hibernación y la prohibición de lamer sangre puede ser simbólica, indicando la neutralización total de la amenaza que la serpiente puede representar.

Nº 292.
Conjuro para atar al enemigo.
Fron (Gbdl.), Eker, c. 1830; Storelvedal, c. 1830.

La Virgen María me prestó un Lazo de Viernes,
para que pudiera atar y amarrar a N.N.
Ataré la lengua, el hígado y los pulmones de N.N.,
ataré tanto las manos como los pies,
ataré cada miembro del cuerpo.
Yo seguiré adelante,
mientras tú deberás quedarte atrás
como el cangrejo en un pozo.
Te ato, N.N., durante 399 horas
con 2 manos, 10 dedos y 12 Ángeles de Dios.
Jesús firme mis palabras,
como Dios creó el Cielo y la Tierra.
En los Tres Nombres F. S. Espíritu Santo.
Tres veces el Padre Nuestro.

Este encantamiento está enfocado en inmovilizar o controlar a un enemigo o adversario. La especificación de atar diferentes partes del cuerpo simboliza una restricción total, evitando que el enemigo cause daño o interferencia. Es curioso que en este caso se "ate" por un tiempo limitado.

Nº 293.
Contra la envidia.
Soler, 1865.

Cristo avanza por el camino con la santa Cruz;
la Virgen María, su madre, lo sigue.
Se encontraron con la envidia, tan cruel y furiosa.
"¿A dónde vas?", preguntó el Señor Jesús.
"Iré a la próxima ciudad y oprimiré
tanto a la gente como al ganado,
y apretaré a las criaturas por todas partes".
Jesús extendió su mano
y expulsó la envidia de la ciudad y del campo.
Tomó su sagrada vara del Viernes Santo
y con ella conjura a la mujer de la envidia.
Jesús la ata con su mano derecha
con la misma banda que ató a Lucifer en el infierno.
La envía hasta el fin del mundo
bajo una piedra firme,
para que ninguna criatura ni humano
sufra daño bajo el cielo.
y la manda a las profundidades del marpor toda la eternidad,
Dios Padre, Dios Hijo y Dios Espíritu Santo.

La referencia a atar a la "mujer de la envidia" con las mismas bandas que atan a Lucifer en el infierno simboliza un acto de dominio y control sobre las fuerzas malignas. Esta acción se hace en nombre de la Trinidad Cristiana, invocando su poder y autoridad para proteger de cualquier daño, tanto en la tierra como en el mar.

Nº 294.
Conjuro contra la envidia maligna.
Gudbrandsdalen, c. 1750.

Lee esto con Sal y Malta y dáselo a los animales:
Ataré la envidia de todos mis enemigos,
ataré sus dientes y lenguas,
ataré sus hígados y pulmones,
ataré sus corazones y raíces de corazones,
y los ataré de por vida con el nombre de Dios Padre, Hijo y Espíritu Santo.
Amén.

Fórmula mágica destinada a proteger a los animales de la envidia y la maldad. La práctica de leer encantamientos mágicos sobre sal y malta, y luego dárselos a los animales, es una tradición común en la magia popular para garantizar la protección y la salud del ganado. Al invocar las partes del cuerpo de los enemigos (dientes, lenguas, hígados, pulmones, corazones y raíces de corazones), se busca restringir su capacidad para causar daño. Otra fórmula más (como la mayoría) aplicable a personas, no solo animales. Para ello leer sobre sal y malta y echarla a la comida es una aplicación interesante.

Nº 295.
Conjuro contra la envidia.
Romedal, c. 1780; Fron (Gudbrandsdalen), c. 1830.

Ataré a todos mis enemigos envidiosos,
ataré toda su envidia,
ataré sus hígados y pulmones,
ataré sus corazones y raíces de corazón,
ataré sus vidas.
En el nombre del Padre, el Hijo y el Espíritu Santo. Amén.
Probatum est.

Conjuro de protección contra la envidia y la maldad. Similar al texto anterior, se enfoca en atar o restringir las capacidades físicas y emocionales de aquellos que puedan desear daño o mal hacia la persona que realiza la oración. El uso repetido de la palabra "atar" enfatiza la restricción y la limitación de poder de los enemigos. La mención final de "Probatum" (probado) es una práctica habitual en la magia antigua que refuerza la seguridad de funcionamiento de la fórmula.

Nº 296.

Para atar a un negativo.

Skaabu (Gudbrandsdalen), c. 1820.

Ataré tus dientes, ataré tu lengua,
ataré tu hígado, ataré tus pulmones,
ataré tus pies, tu corazón y la raíz de tu corazón,
te ataré en cada una de tus articulaciones;
tu lengua se retorcerá,
tu corazón temblará.
En el nombre del Padre, del Hijo y del Espíritu Santo. Amén.

Fórmula diseñada para inmovilizar a un enemigo. El hecho de que la lengua "se retuerza" y el corazón "tiemble" implica un deseo de causar miedo o ansiedad. Este tipo de fórmulas son, como podemos observar, contraataques mágicos violentos. Hay que tener en cuenta que la "batalla energética" era realmente feroz con dos bandos enfrentados utilizando magias para neutralizarse uno al otro. Como en muchas otras fórmulas, se invoca la Trinidad Cristiana para otorgar autoridad y poder al encantamiento o demostrar que se está en el lado del bien.

Nº 297.

Para encadenar al caballo y su jinete.

Hadelan, 1793.

Te ato, caballo y jinete,
con las mismas palabras y lazos
con los que nuestro Señor Cristo conquistó el infierno.
En nombre del Padre, del Hijo y del Espíritu Santo.
Hay que cruzar el camino antes de que el jinete llegue, mientras dices esto.

Esta fórmula es un encantamiento o hechizo destinado a inmovilizar o controlar tanto a un caballo como a su jinete. La mención de cruzar la carretera antes de la llegada de la persona y el caballo podría ser una forma de establecer un umbral o barrera simbólica que el caballo y el jinete no puedan cruzar. La acción de cruzar y recitar el encantamiento es un acto ritual destinado a activar el poder del hechizo.

Nº 298.

Hechizo para controlar a alguien negativo.

Publicado en la Descripción de Urskog de Heyerdahl, Página 171 y Teológico Tidsskrift R II, B X, Página 183.

Yo ato tus dientes y tu lengua, tu mano y tu pie;
te ato tan firmemente como la Muerte y la Pasión de Cristo.
Te fijo tan firme como un tronco y una piedra;
nunca me harás daño a mí ni a ningún hombre.
Prohíbo que actúen tus dientes y tu lengua, tu mano y tu pie;
te fijo tan firme como al más antiguo Belcebú en el infierno.

Hay que cuidarse de sus propios pensamientos antes de comenzar.

Este hechizo parece ser un conjuro para inmovilizar o controlar a una persona mediante la restricción simbólica de sus partes del cuerpo más activas (dientes, lengua, manos, pies). El uso de la imagen de la Muerte y la Pasión de Cristo, así como la referencia a Belcebú, sugiere una mezcla de simbolismo cristiano y folclórico. La advertencia final sobre cuidarse de los propios pensamientos antes de comenzar, implica una conciencia de la gravedad o el poder potencialmente peligroso del hechizo, posiblemente sugiriendo que tales actos no deben tomarse a la ligera o con intenciones maliciosas.

Nº 299.

Para atar a la serpiente.

Eker, c. 1800; Fron (Gbdl.), c. 1850.

La semilla de la mujer pisará la cabeza de la serpiente.
Ahora, te ato con las palabras de Dios del cielo,
para que no vayas más allá de lo que yo permita.
Las manos de Pablo y de Cristo cerrarán tus dientes en el nombre de Jesús
y con la palabra de Dios.
En el nombre del Padre, el Hijo y el Espíritu Santo.
Padre nuestro 3 veces.

Este hechizo parece estar basado en la narrativa bíblica del Génesis, donde se menciona que la descendencia de la mujer (interpretada comúnmente como Jesucristo) aplastará la cabeza de la serpiente, simbolizando la victoria sobre el mal. Puede aplicarse como tantos otros, no solo a serpientes sino a todo lo negativo simbolizado por ellas. El conjuro invoca directamente este simbolismo para atar o restringir a la serpiente (o lo que ella representa) mediante el uso de figuras sagradas como Pablo, Cristo y las palabras divinas. La fórmula final del Padre Nuestro refuerza el contexto religioso de este hechizo, confiriéndole un sentido de autoridad y protección divinas.

Nº 300.

Para atar la secundina.

Skaabu (Fron, Gbdl.), c. 1800.

"Yo ato la secundina con mis cinco dedos,
como Jesús y la Virgen María ataron con sus cinco dedos.
Debe permanecer firme como una piedra fija en la tierra,
no debe causar daño a ningún hombre.
En los tres nombres, etc."

Esta fórmula parece estar destinada a tratar una complicación postparto conocida como retención de la secundina (o placenta). La referencia a "mis cinco dedos" sugiere un acto de imposición de manos, un gesto común en muchas prácticas de curación tradicionales. La insistencia en que la secundina debe permanecer "firme como una piedra fija en la tierra" y que "no debe causar daño a ningún hombre" sugiere un deseo de evitar complicaciones y asegurar una recuperación segura y saludable para la madre.

Nº 301.

Para desviar la ira.

Fron (Gbdl.), c. 1750; Bø (Vesteraal), c. 1770.

Soplo en su dirección, desvío la ira,
te miro a los ojos y sobre tu cabeza, te ato con vendas sangrientas,
para que no estés enojado o molesto conmigo
más de lo que el Hijo de Dios está con la Virgen María.
En los tres nombres.

Esta fórmula parece ser un encantamiento para calmar y desviar la ira o el enojo en otra persona. El acto de "soplar en la dirección" y "mirar a los ojos y sobre la cabeza" sugiere un intento de influir o controlar las emociones de alguien mediante gestos simbólicos. La referencia a "vendas sangrientas" es un poco más enigmática, pero podría simbolizar un vínculo o restricción fuerte, posiblemente indicando el deseo de contener o limitar la ira. La comparación con "el Hijo de Dios y la Virgen María" introduce una dimensión moral o espiritual, sugiriendo que la ira debe ser moderada y no exceder un cierto nivel de intensidad que sería inapropiado en un contexto sagrado. La invocación final "En los tres nombres" se refiere, como en tantas ocasiones, a la Trinidad (Padre, Hijo y Espíritu Santo), invocando la autoridad y el poder de estas figuras divinas para reforzar el hechizo.

Nº 302.
Conjuro contra la ira de otros.

a.

Skaabu (Fron, Gbdl.), c. 1800.

Tomo la palabra de Dios en mi boca
contra la ira del hombre malvado,
contra el ataque del hombre malvado,
porque quiero alejar el mal de mí,
para que se disperse y corra a través de las montañas
y los valles profundos,
tan rápido como el granizo cae del cielo.
Colocaré grilletes en sus pies,
una lanza a través de la raíz de su corazón
y una trampa para sus dientes.
Así los ataré a todos en la arena,
hasta que ellos me deseen tanto bien como a sí mismos.
En el nombre del Padre, del Hijo y del Espíritu Santo.

Esta fórmula es un conjuro para protegerse de la ira o la malicia de otros. Los elementos de la naturaleza como las montañas, los valles y el granizo se utilizan para describir la rapidez y la fuerza con la que se desea alejar o disipar el mal. El uso de metáforas como "grilletes en sus pies", "una lanza a través de la raíz de su corazón" y "una trampa para sus dientes" refuerza la intención de inmovilizar o incapacitar la fuente de malevolencia o daño.

Conjuro contra la ira y la envidia.
b.

Fron (Gbdl.), c. 1850.

Rezo por mis criaturas en el nombre de Jesús,
en el nombre de Jesús,
en el nombre de Jesús.
Tan pronto como tomo la palabra de Dios en mi boca
contra la ira del hombre malvado,
contra la molestia del hombre malvado,
todo el mal de mis criaturas debe desaparecer,
buscando al que los envió.
La envidia y la ira cabalgarán y marcharán
a montañas y valles profundos,
tan rápido como el granizo cae del cielo.
Pongo grilletes en sus pies,
lanzas a través de la raíz de sus corazones,
cierro sus bocas, enciendo fuego en sus riñones,
así los ato a todos en la cama,
hasta que ellos deseen para mí
y mis criaturas tanto bien
como para ellos mismos.
Y esto en el nombre del Padre, del Hijo y del Espíritu Santo.
Un Padrenuestro antes, dos después.

Esta fórmula es un encantamiento para proteger de la ira y el mal. Apela a la autoridad divina para desviar la envidia y la ira, comparando su dispersión con la rapidez del granizo cayendo del cielo. Los elementos simbólicos, como grilletes y lanzas, indican la inmovilización de las fuerzas malévolas. De nuevo la advertencia de que el conjuro estará activo hasta que el deseo negativo desaparezca completamente.

Nº 303.
Contra los malvados.
Hurum, c. 1780.

La Virgen María estaba de pie
y miraba sobre el páramo.
"'Veo a los malvados", dijo la Virgen María.
"Átalos"', dijo el Señor.
"¿Con qué los ataré", preguntó la Virgen María.
"Con el árbol judío", dijo el Señor.
"Eso no aguantará", dijo la Virgen María.
"Átalos con la cuerda con la que ataron a Cristo", dijo el Señor.
"Sí, eso aguantará", dijo la Virgen María.
"Te ato los dientes y la lengua,
el hígado y los pulmones;
estaréis atados, y no os moveréis
del lugar donde estáis,
en el nombre de los tres".

Este texto parece ser un encantamiento o conjuro que invoca la figura de la Virgen María y el poder sagrado asociado con la Pasión de Cristo para atar o restringir algo o a alguien, posiblemente fuerzas o entidades malévolas. El acto de atar con la cuerda usada para atar a Cristo podría interpretarse como una invocación de una poderosa protección o restricción.

Nº 304.
Palabras para Rylla.

Del proceso a Lisbet Nypens 1670. Impreso en Evensens Samlinger, Bd. 1, Hefte 4, Página 36, Leinstranden, 1670.

Jesús estaba caminando y se encontró con Rylla, malvada y furiosa.
"¿Adónde vas?", preguntó Jesús.
"Voy a ver a N.N. que está enfermo."
"¿Qué harás allí?", preguntó Jesús.
"Voy a lamer su sangre, morder sus huesos y desgarrar sus manos,
voy a agotar su fuerza vital."
"No", dijo Juan el Evangelista, "no lo harás.
En el nombre de Jesús te ato, Rylla;
en el nombre de Jesús te ato, Rylla y la madre de Rylla;
en el nombre de Jesús te ato, Rylla y el hermano de Rylla;
en el nombre de Jesús te ato, Rylla y la hermana de Rylla;
en el nombre de Jesús te ato, Rylla y la familia de Rylla;
en el nombre de Jesús te mando fuera de la sangre al fluido;
en el nombre de Jesús te mando fuera de la carne a la tierra;
en el nombre de Jesús te mando al fin del mundo;
hasta este día quédate parado como una piedra,
en el nombre del Padre, del Hijo y del Espíritu Santo."

Conjuro o exorcismo para proteger a una persona enferma de una entidad malévola o dañina llamada Rylla o Ryil. Se invoca la autoridad de Jesús y Juan el Evangelista para atar y expulsar a esta entidad, evitando que cause daño físico o espiritual. El conjuro termina con un mandato para que Rylla permanezca inmovilizada como una piedra después de haber pasado varios procesos de expulsión. Una metáfora de su impotencia frente al poder divino.

Nº 305.
Palabras para Rylla.
Storelvedal, c. 1830.

Jesús atará a Rylla y al padre de Rylla,
Jesús atará a Rylla y a la madre de Rylla,
Jesús atará a Rylla y al hermano de Rylla,
Jesús atará a Rylla y a la hermana de Rylla.
En el nombre de Dios Padre, en el nombre del Hijo de Dios,
en el nombre de Dios Espíritu Santo. Amén.
Y luego el Padre Nuestro 3 veces.

Invocación a Jesús para que "ate" o restrinja a Rylla y a su familia, la capacidad de influencia maligna proveniente de ellos. El conjuro se refuerza mencionando a cada miembro de la familia de Rylla y concluye con la recitación del Padre Nuestro, lo que subraya su carácter religioso y protector.

Nº 306.
Otra oración para cuando quieras viajar.
Vesterdal, c. 1710.

"Yo, N.N., voy a viajar hoy".
"Nos encontrarán ladrones malvados", dijo San Pedro.
"Entonces los ataré", dijo San Pablo,
"con una banda fuerte", dijo Jesús.
"Así ato a todos mis enemigos", dijo San Pablo.

Esta oración es una invocación de protección para los viajes. En ella, Jesús, San Pedro y San Pablo discuten sobre los peligros del camino, específicamente los ladrones. Jesús y San Pablo afirman que atarán o restringirán a los malhechores, simbolizando la protección divina contra los peligros durante el viaje. La mención de "atar con una banda fuerte" sugiere una restricción o control sobre las fuerzas negativas o dañinas que podrían encontrarse en el camino. Es una fórmula especial pues N.N. (el nombre de la persona que va a viajar), interactúa directamente con San Pedro, San Pablo y Jesús.

Nº 307.
La oración de la avispa.
a.
Registrada por Moltke Moe, Be (Telemarken), 1878.

¡Avispa, avispa!
Si intentas picarme, te ataré
en tres Nombres: Dios Padre, Hijo y Espíritu Santo.
Cuando se libere, se debe decir: ¡Vete al Infierno!

La persona que recita el conjuro declara que si una avispa intenta picarla, la "atará" simbólicamente invocando los nombres de la Trinidad Cristiana: Dios Padre, Hijo y Espíritu Santo. La referencia a "atar" en este contexto sugiere controlar o restringir el poder o la acción de la avispa. La última línea puede parecer indicar que se ha atrapado a la avispa sin hacerle daño.

Nº 307.
Atar a la avispa.
b.
Lister og Mandals Amt, 1862;
Registrado por Folkevennen,
Año 1 1862, Página 467.

Avispa, avispa vencida,
si intentas picarme, te ataré
en el Nombre de Dios Padre, Hijo y Espíritu Santo.

Estas oraciones reflejan la creencia en el poder de las palabras y los nombres sagrados para influir en el mundo natural y proteger contra los daños.

Nº 308.
Para atar a la serpiente.
Eker, c. 1800. Fron (Gbdl.), c. 1850.

Cuando veas una serpiente,
señálala con tu dedo índice izquierdo y di así:
Pio Pio Kingemand, debes quedarte tan firme
como San Pedro en la montaña.
En el Nombre del Padre, del Hijo y del Espíritu Santo.

El gesto de señalar con el dedo índice izquierdo podría tener un significado mágico específico relacionado con el poder de las palabras y los gestos para influir en el mundo natural.

Nº 309.
Conjuro de protección.
Gudbrandsdal, c. 1830.

En el Nombre de Jesús, así libero a mis criaturas.
Jesucristo, Hijo de Dios,
proteja a mis criaturas de todas las mujeres envidiosas,
de todos aquellos que atan y maldicen,
de todos los que desgarran la carne y chupan la sangre.

El Señor Jesús se levantó sobre la llanura;
allí encontró al lobo y al Grammen.
Serás atado en la pradera; atado en la playa;
atados tus dientes y lengua,
tu hígado y pulmones, tu pelo y raíz del cabello,
tus pies, tus garras antes y después del sol.
En los tres Nombres de Dios.

Conjuro de protección a los animales de la granja o personas de daños malintencionados, específicamente de las "mujeres envidiosas" y de aquellos que causan daño físico a los animales. La referencia al lobo y a Grammen, y la descripción de atar sus partes del cuerpo, sugiere una intención de neutralizar las amenazas o peligros representados por estas criaturas, posiblemente considerados agentes del mal o la maldad en este contexto.

Nº 310.
Protección para el ganado.
Hemsedal, 1897.

En el Nombre de Jesús, libero a mis criaturas en el prado verde,
la Virgen María libera a las suyas.
Jesús, sé bondadoso con mis criaturas,
Jesús ata los dientes del zorro gris,
Jesús ata al oso,
Jesús ata las manos de todas las brujas,
Jesús ata a todos los animales salvajes que andan por el bosque.
Jesús, sé bondadoso con mis criaturas,
¡ya sean mías o suyas!
En los tres Nombres de Dios, el Padre, el Hijo y el Espíritu Santo.

Invocación de protección para el ganado y personas, en la que se invoca a Jesús y a la Virgen María para que protejan a los animales de diversos peligros. Se menciona específicamente la protección contra el zorro, el oso, las brujas y otros animales salvajes, lo que refleja las preocupaciones comunes de las comunidades agrarias de la época con respecto a las amenazas naturales y sobrenaturales para su ganado.

Nº 311.
Para atar al oso.
Ringerike, 1885.

El Señor Jesús estaba caminando; allí se encontró con un oso.
"¿A dónde vas?"
"Voy a desgarrar la piel, morder el hueso, chupar la sangre."
"No", dijo el Señor Jesús, "ataré tus dientes y tu lengua,
tu hígado y tus pulmones,
tus garras y las de todos los otros animales salvajes del bosque;
ellos no dañarán más a mis criaturas
que un ratón que roe en el fondo del mar un peñasco".
En los 3 Nombres.

Encantamiento para proteger a los animales domésticos y personas, de los ataques de los osos y otros animales salvajes. La mención de "atar" los dientes, la lengua, el hígado, los pulmones y las garras simboliza la restricción total de la capacidad del oso para herir o matar. La comparación final de la capacidad de daño del oso con la de un ratón roedor en el fondo del mar enfatiza la efectividad del encantamiento.

Nº 312.
Para proteger al ganado de todo mal.

Skaabu, Gudbrandsdal, c. 1800.

Yo llamo a mi ganado a través del Prado del Señor.
Coloco 12 ángeles de Dios para cuidarlos.
Jesús me dio su mano afortunada.
Hoy, rezo tanto contra los dientes
de lobos como de osos;
ninguna bruja me robará nada,
y ninguna bestia salvaje morderá
o dañará a mi ganado.
Con las ataduras de Dios, ato sus dientes.
Ataré sus hígados y pulmones,
así todas las brujas estarán tan aterrorizadas este día
como los impíos en el día del Juicio Final del Señor.
Confirmo esta oración con las siguientes palabras:
En el Coro de los Ángeles; los Discípulos y los 12 Apóstoles.
En los 3 Nombres F. S. H. (Padre, Hijo, Espíritu Santo).

Esta fórmula es un encantamiento destinado a proteger al ganado de posibles amenazas, incluyendo animales salvajes y fuerzas sobrenaturales malévolas como las brujas. La mención de "12 ángeles de Dios" y "los Discípulos y los 12 Apóstoles" invoca una fuerte protección espiritual. La práctica de recitar tales oraciones refleja la creencia en fuerzas sobrenaturales que podrían influir en la vida cotidiana y en la importancia de la protección espiritual en las actividades diarias como la cría de ganado. La referencia a Jesús proporcionando una "mano afortunada", subraya la fe en la intervención divina para el bienestar y la seguridad del ganado y de la comunidad.

Nº 313.
Conjuro para inmovilizar.
Nordfjord, 1862.

Yo inmovilizo al oso, a su boca como la raíz en la tierra;
inmovilizo sus garras, dientes y lengua,
su hígado y sus pulmones,
lo inmovilizo en una piedra.

Este conjuro está destinado a proteger contra los osos, una amenaza real para las personas y el ganado en muchas regiones rurales, pero es perfectamente aplicable a personas o animales que vengan con intenciones malignas.

Nº 314.
Conjuro para inmovilizar.
Storelvedal, c. 1830.

Suelto a mis animales en el redil de Jesús y la Virgen María,
que las manos de Dios han cerrado contra el colmillo del lobo y la garra del oso.
Y todo otro mal quedará excluido.
Inmovilizo todas las garras y bestias con el poder de Cristo;
no podrán hacer más daño a mis animales que una hormiga a una piedra.
En los tres nombres del Padre, del Hijo y del Espíritu Santo.
Rezar tres veces el Padre Nuestro.

La metáfora de que las bestias no podrán hacer más daño que "una hormiga a una piedra" refuerza la idea de que la protección es impenetrable y absoluta.

Nº 315.
Para inmovilizar a un lobo.
Lister og Mandals Amt, 1862; Registrado por Folkevennen Aarg. 11, 1862, pág. 454.

"Cuando uno se encuentra con un lobo, se le grita:
¡Klums haai!
Con esto, el lobo queda inmediatamente inmovilizado."

Esta entrada muestra una práctica muy específica y localizada para protegerse de los lobos. La palabra mágica "Klums haai" actúa como un hechizo o comando para inmovilizar al lobo. De nuevo es una fórmula aplicable a personas que vienen con intenciones negativas.

VI. REMEDIOS SIMPÁTICOS

"Sympathi Midler" se traduce del danés o noruego como "remedios simpáticos" al español. Este concepto es parte de las prácticas de medicina popular y la magia simpática, que se basan en la idea de que objetos, acciones o rituales pueden influir en personas o eventos debido a una conexión simbólica o mística entre ellos.

Los remedios simpáticos suelen emplear elementos naturales o personales, como hierbas, piedras, partes del cuerpo, o incluso objetos que han estado en contacto con la persona. La premisa subyacente es que existe una relación oculta o "simpatía" entre estas cosas que se puede aprovechar para efectuar un cambio deseado, como la curación de enfermedades, la protección contra el mal o la atracción de la buena suerte.

1. Remedios Simpáticos de la Iglesia y el Cementerio

Nº 316.

Para diversos tipos de enfermedades.

De Nicolaissen, "Del Pasado de Nordland", página 13.
Nordland, 1889.

Se toma plomo de una ventana de
la iglesia, se coloca en agua y se usa para lavarse.

Este remedio popular sugiere el uso de un elemento material (en este caso, plomo de una ventana de iglesia) en un ritual de curación. La elección del plomo de una ventana de iglesia puede estar influenciada por la creencia en la santidad o el poder espiritual asociado con los objetos de la iglesia. Este tipo de remedio debe verse como una curiosidad de la historia de la magia más que como una recomendación práctica para el tratamiento de enfermedades.

Nº 317.
Cuando los terneros no sobreviven.
Romedal, c. 1780.

En este caso, se debe tomar una copa de la iglesia y dársela a los terneros.

Esta práctica refleja una creencia en la capacidad de los objetos sagrados, en este caso, una copa de la iglesia, para impartir una especie de bendición o poder curativo. Se supone que es una copa con agua bendita.

Nº 318.
Para niños enfermos, cuando nada más ayuda.
De Glückstad, pág. 97.
Sundalen, 1889.

Cuando alguien va a la comunión, toma secretamente la hostia consagrada de su boca y, al regresar a casa, se la da al niño enfermo.

Esta práctica refleja la creencia antigua en el poder sagrado y curativo de los elementos consagrados en rituales religiosos, en este caso, la hostia de la comunión. La idea es que el objeto sagrado, habiendo sido bendecido en un ritual religioso, lleva consigo una especie de poder divino capaz de curar enfermedades. En casos de enfermedad, especialmente en niños, es absolutamente recomendable buscar la atención de un profesional médico calificado.

Nº 319.
Para diversas enfermedades.
De Wilse, pág. 434.
Spydeberg, 1779.

Se consume vino que queda en el cáliz después de la comunión.

Otra manifestación de la creencia en las propiedades curativas de los elementos religiosos. En este caso, el vino que ha sido usado en un ritual religioso se cree que tiene propiedades curativas. Esta creencia podría estar basada en la idea de que cualquier cosa que haya sido parte de un ritual sagrado o que haya estado en contacto con un objeto sagrado podría tener poderes especiales.

Nº 320.

Consejo en caso de enfermedad.

"Folkevennen", Año 11, 1862, página 460.

El vino de iglesia es bueno en varios casos de enfermedad.
Lo mismo ocurre con el óxido de las campanas de la iglesia;
se toma en forma de polvo.

Esta entrada describe el uso de dos elementos relacionados con la iglesia para tratar enfermedades: el vino de la iglesia y el óxido de las campanas de la iglesia. El vino de iglesia se refiere al vino utilizado en rituales religiosos, y se cree que tiene propiedades curativas. El óxido de las campanas de la iglesia es un elemento menos usual, pero también se le atribuyen propiedades curativas.

Es importante destacar que estas prácticas se basan en creencias tradicionales. Mientras que pueden tener un significado mágico o espiritual, no deben considerarse sustitutos de tratamientos médicos convencionales, incluso pueden ser tóxicos.

Nº 321.

Si alguien es poseído por un trol.

Eker, c. 1850.

En este caso, se debe tocar la campana de la iglesia más cercana
durante tres noches de jueves consecutivas.
Entonces, la persona afectada volverá a su estado normal.

Esta entrada describe un remedio popular para una persona que ha sido poseída o afectada por un trol, referido a una entidad o energía negativa.

Nº 322.

Para diversos tipos de enfermedades, especialmente la sordera.

Høyem, "Nes eller Bynes", Página 150, Bynes, 1862.

Para esta condición,
se recomienda tomar virutas de metal
de una campana de iglesia y dárselas al enfermo.

Según la creencia, las virutas metálicas de una campana de iglesia tenían propiedades curativas.

Este tipo de prácticas deben considerarse desde un punto de vista histórico, y no como tratamientos médicos efectivos según los estándares actuales, incluso pueden ser peligrosos para la salud. La sordera y otras enfermedades deben ser tratadas por profesionales médicos calificados.

Nº 323.

Cómo hacer que un animal espere para ser cazado.

Jeløen Rygge, Moland (Telemarken), Eker, c. 1780.

Para lograr esto, se debe tomar la viruta de la campana de una iglesia entre el segundo y el tercer tañido, frotar el rifle tres veces, y luego colocar la punta del rifle en la pista que el animal ha seguido. Esto supuestamente asegurará que no se pase por alto al animal y que se le acierte con certeza. Además, se debe tomar tierra de debajo del altar para tenerla al cargar el rifle.

Ritual que incorpora elementos de la iglesia, como la viruta o el sonido de la campana y la tierra de debajo del altar.

Nº 324.

Cómo hacer que una vaca prospere en un pasto de montaña.

Schiibeler, Vindarium Norvegicum I, 314.

Para asegurar que una vaca prospere
en un pasto de montaña,
se le da un poco de cera de una vela de altar.

Este ritual, registrado en la tradición noruega, implica el uso de un objeto religioso (la cera de una vela de altar) como un talismán para promover la salud y el bienestar del animal en un entorno nuevo o desconocido.

Nº 325.

Contra el mal de ojo.

Gliickstad, descrito en Sundalen, página 99.

Si un mal de ojo ha dañado las redes de pesca de alguien,
una solución es encontrar una manera
de hacer que un sacerdote las mire.
La mirada del sacerdote puede expulsar el mal de ojo.

La idea de que la mirada de una figura religiosa, como un sacerdote, puede contrarrestar este efecto negativo se basa en la premisa de que el sacerdote tiene más potencia espiritual que el emisor del mal de ojo.

Nº 326.

Para hacer que un animal se quede quieto hasta que sea disparado.

Hadeland, 1793.

Ve a la iglesia un sábado por la tarde
y toma un poco de tierra de debajo del altar.
Luego mézclala con la pólvora
cuando cargues tu arma.

Este texto refleja una antigua superstición que implica el uso de elementos sagrados, en este caso tierra de debajo del altar de una iglesia, para influir en los acontecimientos mundanos, en este caso, la caza. La idea es que incorporar un elemento sagrado o bendecido en una actividad cotidiana, como cargar un arma, puede infundir esa actividad con propiedades especiales o místicas. Esta práctica también ilustra cómo los objetos y lugares sagrados en la religión cristiana a menudo eran vistos como poseedores de poderes benéficos o protectores, no solo en un contexto espiritual sino también en situaciones prácticas o cotidianas.

Nº 327.
Para reparar lo que está dañado.
Fron, Gudbrandsdalen, c. 1750.

Toma tierra de tres cementerios
y tenla en la sal de tus animales
en un frasco de aguardiente.
Es efectivo para todo lo que esté dañado, úsalo.
La tierra tomada durante la misa es la mejor.

La práctica de usar tierra de cementerios sugiere una conexión entre la santidad del lugar y la eficacia percibida de la tierra para "reparar" o beneficiar al ganado o a otros objetos.

Nº 328.
Para obtener pescado.
Fron, Gudbrandsdalen, c. 1750.

Toma tierra de la iglesia y échala en el agua donde vas a pescar;
así, el Hulder no mantendrá a los peces alejados de ahí.

En este caso, la tierra de la iglesia se utiliza para atraer peces, presumiblemente para una pesca exitosa. La mención del "Hulder" (una criatura del folclore escandinavo a menudo asociada con la naturaleza y, a veces, con la protección de ciertos lugares naturales) evidencia una interacción entre las creencias cristianas y las tradiciones locales.

Nº 329.
Para alejar el engaño de un niño.
Publicado en el Skilling-Magazin de 1859 y en "Svarteboka" de 1859.

Aquí se toma un poco de tierra de una tumba y, en su lugar, se coloca una aguja. Luego, se coloca brandy sobre la misma tierra, y beberlo ayuda.

Tomar tierra de una tumba implica un uso simbólico de lo sagrado o lo místico. La sustitución de la tierra por una aguja podría tener un significado simbólico de transferencia o transformación. El uso del brandy (bebida alcohólica) como vehículo para consumir esta tierra sugiere una creencia en que la combinación de estos elementos tiene propiedades curativas o protectoras, en este caso, para alejar el engaño o la mala influencia de un niño.

Nº 330.
Para disparar a cosas hechizadas o hacerse fuerte, así como para liberar su arma.

Bø [Vesterålen], c. 1770.

Cuando el sacerdote lee o celebra misa en el altar,
toma tierra bendita de una tumba y coloca en su lugar una aguja.
Toma un poco cada vez y mézclalo con la pólvora.
Así se alcanzarán cosas hechizadas (y tu arma) no se destruirá.

Esta fórmula refleja una creencia en la protección y el poder inherente a los objetos y sustancias sagradas, como la tierra de una tumba bendecida. La idea de mezclar esta tierra con la pólvora sugiere una aplicación práctica de la magia para influir en el mundo físico. El objetivo es no solo golpear o neutralizar objetivos hechizados (debe referirse a trabajados para que no puedan dispararles), sino también proteger, fortalecer el arma utilizada y liberarla de hechizos. La sustitución de la tierra por una aguja puede ser simbólica, posiblemente representando una transferencia o activación del poder sagrado.

Nº 331.
Para preparar su semilla.

Romedal, Eker, c. 1780.

Debes tomar tierra de la iglesia y mezclarla con tu semilla;
después de haberla sembrado,
debes caminar tres veces alrededor del campo
y leer el Padrenuestro con devoción.

La utilización de tierra de la iglesia, un elemento sagrado, en el proceso de siembra sugiere una creencia en la santificación y la bendición de las semillas y, por extensión, de la cosecha futura. El acto de caminar alrededor del campo y rezar el Padrenuestro es una forma de ritualizar el proceso de siembra, invocando protección divina y prosperidad. También es una ceremonia para delimitar el espacio donde tendrá efecto el ritual.

Nº 332.
Para que los ratones no coman tu semilla en el granero.
1790.

Ve a un cementerio en la mañana, antes de que salga el sol
y recoge un poco de tierra blanquecina.
Esa misma mañana, antes de que salga el sol,
esparce esa tierra en el suelo del granero;
y esto debe hacerse antes de que hayas guardado cualquier semilla allí.

Esta práctica refleja una creencia en el poder protector de la tierra de los cementerios, especialmente cuando se recoge y se utiliza de una manera específica. El acto de recoger la tierra antes del amanecer y esparcirla en el granero antes de almacenar la semilla sugiere una conexión con rituales de protección y purificación. El uso de tierra de cementerio podría estar relacionado con la idea de que tiene propiedades sagradas o místicas que pueden proteger contra el daño o la mala suerte, en este caso, la destrucción de la semilla por los ratones.

Nº 333.
Para el resfriado.
1790.

Ve al cementerio y acércate a la tumba
donde se haya enterrado el último cuerpo.
Toma un poco de tierra de debajo de tu pie derecho
tres veces con tus dedos
y colócala debajo de tu barbilla
cuando sientas que te está atacando el resfriado.

La acción específica de tomar tierra de debajo del pie derecho y luego ponerla debajo de la barbilla para combatir un resfriado es una mezcla de acciones simbólicas y rituales.

Nº 334.
Para acertar a un animal.

Registrado por Jørgen Moe.
Valle (Setesdal), 1847.

Mezcla tierra consagrada en la carga de la pólvora
y sitúa el cañón del rifle apuntando
hacia las huellas del animal, así se acertará al animal.
Pero para que esto funcione,
el cazador debe avanzar y no mirar hacia atrás en su propio camino.

Este ritual combina el uso de la "tierra consagrada" con dirigir el cañón del rifle hacia las huellas del animal y el requisito simbólico de no mirar hacia atrás.

Nº 335.
¡Nyt! ¡Nyt!

Skaabu. Fron, Gudbrandsdalen, c. 1850.

Toma tierra del cementerio en el lado norte,
dásela a los animales dentro de un pedazo de pan: lo garantizo.

Este fragmento sugiere una práctica folclórica asociada con la protección o el bienestar de los animales. La acción de tomar tierra de la parte norte del cementerio y dársela a los animales mezclada en un pedazo de pan indica una creencia de nuevo en las propiedades mágicas o protectoras de la tierra del cementerio. La palabra Nyt se traduce literalmente como "disfruta", quizás en este texto tenga otra connotación.

Nº 336.
Para niños que sufren de una enfermedad inusual.

Registrado por Gluckstad. Descrito en Sundalen, página 97.

Se obtiene tierra del cementerio
y se administra al niño.
Nota: donde se toma la tierra del cementerio,
se depositan algunas monedas de plata.

Este extracto refleja una antigua práctica folclórica que implica el uso de tierra de un cementerio para tratar enfermedades inusuales en niños. La tierra del cementerio, probablemente considerada sagrada o con propiedades curativas, se administraba de alguna manera al niño enfermo. La mención de depositar monedas de plata en el lugar de donde se toma la tierra sugiere una forma de compensación o respeto por perturbar el lugar sagrado, una práctica común en muchas culturas que buscan mantener el equilibrio y respetar el espacio sagrado o espiritual. La creencia subyacente podría estar relacionada con la conexión entre lo sagrado (el cementerio) y su capacidad para influir en la salud y el bienestar.

Recuerdo que este escrito es una recopilación histórica de fórmulas o rituales mágicos, pero desaconsejo completamente seguir rituales de este tipo, ya que pueden suponer un riesgo para la salud.

Nº 337.

Para protección.

Hadeland, Moland (Telemark), 1793.

Visita tres cementerios de la iglesia parroquial
y toma un poco de tierra de cada uno.
Y tanto como tomes de cada cementerio,
debes reemplazarlo con otra tierra y dejarla en su lugar.
La tierra que recojas,
debes esparcirla alrededor de lo que posees
y dar algo de ella a tus animales.
El resto debes arrojarlo al fuego.
Así se preservarán tú
y todas tus posesiones.

Este extracto sugiere una práctica folclórica para proteger una granja y sus posesiones del engaño o la mala suerte. Implica visitar tres cementerios de iglesias y recolectar tierra de cada uno, respetando el lugar al reemplazar la tierra tomada con tierra nueva. La tierra recogida se utiliza luego para bendecir la propiedad y los animales.

2. Remedios Simpáticos de cadáveres y muertos vivientes

Nº 338.
Contra el crecimiento (tumores o hinchazones).

"Folke Vennen", Año 8, 1859, página 467.
Guldalen, 1859.

Para tratar crecimientos anormales (tumores o similares), se hace que un hombre que haya estado en la guerra y haya matado gente, toque el crecimiento con sus manos.

La práctica descrita sugiere buscar a un hombre que haya participado en la guerra y haya causado bajas, para que toque el crecimiento (como un tumor o hinchazón) con sus manos. Esta creencia probablemente se basa en la idea supersticiosa de que una persona que ha experimentado la violencia y la muerte en la guerra podría tener alguna influencia mística o poder curativo sobre las enfermedades o condiciones físicas. Este tipo de remedios forma parte del folclore y la medicina popular de épocas pasadas, donde la comprensión de las enfermedades y su tratamiento estaba a menudo mezclada con supersticiones y rituales.

Nº 339.
Contra el crecimiento (tumores o hinchazones).

Flaa, Hallingdal, 1889.

Este remedio sugiere permitir que una "Barnemorderske" (*literalmente, "asesina de niños" en danés/noruego*) toque el bulto o crecimiento anormal.

Esta práctica se basa en la creencia supersticiosa de que una persona asociada con un acto tan atroz como el asesinato de un niño podría tener algún tipo de poder extraordinario o místico, incluso curativo.

Nº 340.
Contra el dolor.
Jeløen, Rygge, c. 1780.

Un cuchillo de un asesino es útil en muchos casos. También ayuda para abscesos en los senos de las mujeres, cuando se los frota tres veces con él.

Este remedio sugiere el uso de un "Morder-Kniv" (cuchillo de asesino) para aliviar el dolor. Se afirma que también es útil para el dolor en los senos de las mujeres, siempre y cuando se deslice el cuchillo sobre la zona afectada tres veces.

Estas prácticas deben ser vistas en su contexto histórico y cultural y no como métodos de tratamiento válidos o recomendables en la actualidad.

Nº 341.
Contra el crecimiento anormal (tumores o hinchazones).
Wilse, Descripción de Spydeberg, página 421
y Folkevennen, 1859, página 467.

Se frota con un cuchillo con el que se ha matado a una persona.

Este remedio sugiere utilizar un cuchillo con el cual se ha matado a una persona para alisar o frotar un crecimiento anormal.

Nº 342.
Para curar la lombriz en caballos.
1790.

Se toma una tabla de un ataúd,
se quema hasta convertirla en ceniza
y luego se le da a un caballo
esa ceniza mezclada con su alimento.
O, lo que es mejor, se mezcla con un trago de vino
y se le da al caballo;
esto expulsará el gusano eruptivo o exudante de los caballos.

Este método sugiere usar cenizas de un ataúd para tratar una condición específica en los caballos, presumiblemente una enfermedad o infección parasitaria.

Nº 343.
Para las afecciones de los ojos.

Glückstad, página 63.
Hiterdal, Flaa (Hallingdal), 1878.

Para tratar afecciones oculares, se toma una astilla de una pata de ataúd en la que haya estado un cadáver, se enciende y se utiliza el humo para tratar el ojo.

Este remedio es otro ejemplo de cómo se utilizaban objetos asociados con la muerte y lo sobrenatural en prácticas de curación tradicionales. El acto de quemar la astilla y usar el humo para tratar el ojo podría estar relacionado con la idea de purificación a través del humo, algo común en muchas tradiciones espirituales y medicinales a lo largo de la historia.

Nº 344.
Gripe.

Gol, 1897.

"Se debe colocar una astilla de un féretro
que haya sostenido un cadáver,
encenderla y respirar el humo resultante."

Este método implica el uso de una astilla de un féretro en el que se haya colocado previamente un cuerpo, con el objetivo de generar humo y respirarlo en la creencia de que ese humo posee cualidades sanadoras.

Nº 345.
Para ser clarividente.

Registrado de la tradición oral por Jørg. Moe.
Valle (Sætersdal), 1847.

Una persona se vuelve clarividente
al mirar a través de los listones de una carroza fúnebre.

Este registro refleja una creencia popular de que es posible adquirir habilidades de clarividencia bajo ciertas circunstancias rituales, en este caso, mirando a través de los listones de una carroza fúnebre.

Nº 346.
Si quieres ganar en el juego.
C. 1790.

Toma una aguja que haya sido utilizada para coser los sudarios de un cadáver. Una vez que todo esté terminado, no debes usar la aguja para nada más, ni volver a enhebrarla, sino envolverla en un papel hasta que quieras jugar. Mantén la aguja contigo y quédate con quien saque los dados más altos, y permanece hasta el final; luego introduce sutilmente la aguja en la ropa de la persona que esté junto a ti y que haya sacado los dados más altos. Quédate con esa persona y lanza los dados. Entonces obtendrás un tres. Esto está probado.

Este texto refleja una superstición o creencia popular en el poder de ciertos objetos usados en rituales o situaciones específicas, en este caso, una aguja usada para coser sudarios de un cadáver, para influir en el resultado de los juegos de azar.

Nº 347.
Para ganar en todo tipo de juegos.
1790.

Toma una aguja que se haya utilizado para coser ropa de un cadáver e insértala en la ropa de la persona con la que estás jugando; mientras la aguja permanezca ahí, siempre ganarás.

De nuevo otra fórmula que enfatiza el carácter mágico de la aguja con la que se ha cosido la ropa que lleva un cadáver. Da instrucciones del ritual a realizar para conseguirlo.

Nº 348.
Para la gripe.
Gol, 1897.

Se debe tomar un trozo de tela
que haya sido utilizado para envolver un cadáver,
encenderlo y aspirar el humo resultante.

Esta instrucción pertenece a una serie de creencias y prácticas populares relacionadas con objetos que han estado en contacto con los muertos, en este caso, un trozo de una tela usada para envolver un cadáver.

Nº 349.
Para ganar en cartas y dados.
a.

Eker, c. 1800.

Si puedes conseguir un trozo de la cuerda
con el que un ladrón ha sido colgado
y la atas alrededor de tu brazo izquierdo,
entonces ganarás en juegos de cartas y dados.

Esta instrucción habla sobre la creación de un amuleto para ganar en el juego y su forma de utilizarlo.

Para ganar en juegos.
b.

(Según Æ). Borge (Sml.), c. 1735.

Toma una cuerda con la que un ladrón ha sido colgado,
deshazla como si fueran hilos;
luego, deja que una niña de 12 o 13 años la vuelva a hilar.
Haz una banda con la nueva cuerda
y átala alrededor de tu brazo; así ganarás.

En este caso, la cuerda utilizada para ahorcar a un ladrón se consideraba un objeto con poderes especiales, capaz de influir en la suerte o el destino del portador, especialmente en los juegos. El proceso de deshacer la cuerda y luego hacer que una niña joven la hile de nuevo en un lazo, que luego se ata alrededor del brazo, forma parte de un ritual destinado a crear un amuleto para atraer la suerte o poder mágico al jugador.

Nº 350.
Consejo para niños o personas que tienen møen o gevækst.
1790.

Debes ir, si es un niño, a una mujer que haya muerto
y que sea mayor de 50 o 60 años, y tomar su mano derecha
antes de que se enfríe completamente,
y frotar tres veces con ella el lugar que duele;
se supone que el dolor desaparecerá inmediatamente.
Haz lo mismo de la misma manera,
si es una niña la que sufre,
con el cadáver de un hombre que tenga más de 60 años; eso ayudará.

La idea era que la mano de una persona fallecida, especialmente si era mayor, tenía propiedades curativas. Esto puede estar relacionado con creencias en la transmisión de la sabiduría o el poder de los ancianos después de la muerte. Møen o gevækst debe ser algún tipo de malestar relacionado con el dolor.

Nº 351.
Para expulsar verrugas.
Según Folkevennen Año 11, 1862, Página 462. Lister og Mandals Amt, 1862.

a.

Se frotan las verrugas tres veces
hacia adelante y hacia atrás sobre un cadáver.

Este método forma parte de las prácticas populares antiguas para tratar las verrugas. La probable idea detrás de este método se basa en la magia de transferencia. Transferir algo no deseado a otro lugar, en este caso a un cadáver.

Para los callos y las verrugas.
Según H. J. Wilse en Top. Journal Vol. V, Fascículo 17, Página 22.
Eidsberg, 1796.

b.

Se debe permitir que el área del cuerpo afectada
por callos o verrugas sea frotada sobre un cadáver.

Esta es otra práctica tradicional basada en la creencia de que el contacto con un cadáver podría tener un efecto curativo o mágico sobre ciertos problemas de la piel, como callos y verrugas.

Para los bultos.

Jeløen (Rygge), c. 1780.

c.

Se frotan los bultos por un difunto y entonces estos desaparecerán.

Nº 352.

Para ganar en juegos de cartas y dados.

Jeløen (Rygge), c. 1780.

Hazte una banda de una cadena que llevaba un ladrón cuando fue colgado. Debe ser forjada un domingo durante el sermón. Mientras la lleves en tu brazo izquierdo, ganarás.

La especificación de que la banda debe ser forjada durante un sermón dominical añade otro elemento mágico/espiritual, al implicar que el momento y las circunstancias de la creación del objeto tienen un significado especial.

Nº 353.

Para encantar a las aves.

Hurum, c. 1780.

Toma una cadena que encadenaba un ladrón que haya sido colgado y forja la cadena en tiras frías durante tres noches de jueves. Cuando las lleves contigo y veas aves en el bosque, camina alrededor de ellas. Donde comenzaste a caminar, cuando regreses al mismo lugar, coloca una de estas tiras. Entonces podrás disparar a tantas como quieras. Pero asegúrate de dejar una de las aves a las que rodeaste. Luego puedes recoger la tira que pusiste en el primer lugar donde empezaste a caminar alrededor de las aves.

Según la creencia, al caminar alrededor de las aves y colocar estas tiras, el cazador puede capturar muchas aves. Es curioso cómo se delimita el espacio donde las aves quedarán encantadas caminando alrededor de ellas. La necesidad de dejar una ave sin disparar y luego recoger la tira parece formar parte de un ritual específico.

Nº 354.
Configurar un fusil para disparar y acertar a todo lo que tenga plumas.
Borge (Sml.), c. 1735.

Toma un clavo utilizado por el verdugo, especialmente la parte con la punta con la que se clava la cabeza de un pecador sobre la rueda en la estaca. Haz que un armero haga un mira y un soporte en tu fusil sin que haya sido usado. Y esto debe hacerse bajo el signo del tirador, cuando está en apogeo, lo que se puede ver en el almanaque en el día que está anotado. También debe hacerse en la hora de Marte en ese mismo día. Entonces tendrás un fusil con el que puedes disparar a toda la caza con plumas. Pero si deseas disparar a otra cosa, como a un conejo u otros animales, entonces el cañón del fusil se desencantará y no podrás acertar.

La práctica implica obtener un clavo de un verdugo y usarlo para fabricar partes del fusil, lo que supuestamente otorgaría al arma la capacidad de disparar con precisión a las aves. Esta descripción incluye referencias a la astrología, como hacer el trabajo bajo el "Signo del Tirador" y en la "Hora de Marte", lo que sugiere una mezcla de creencias mágicas y astronómicas.

Nº 355.
Cuando uno está hechizado para desear algo contra su voluntad.
1790.

Toma un diente de una persona muerta, haz humo con él;
así estarás ayudando a liberarlo.

Este pasaje describe una práctica supersticiosa para contrarrestar un hechizo o una maldición que hace que una persona desee algo en contra de su voluntad. La idea es que usar un diente de una persona muerta para generar humo, de alguna manera anula el hechizo. Este tipo de creencia es típica de muchas culturas y épocas, donde se pensaba que ciertos objetos, especial-

mente aquellos asociados con los muertos, poseían propiedades mágicas o espirituales. En este caso, el diente de un muerto se considera un objeto poderoso que puede contrarrestar la magia o influencias maliciosas.

Nº 356.
Para ganar en un juego de cartas.
Borge (Sml.), 1735.

Toma un diente de una persona muerta y toca las cartas con él;
así seguramente ganarás.

Este pasaje se refiere a otra superstición relacionada con el uso de objetos pertenecientes a los muertos, en este caso, un diente humano, para influir en la suerte o el destino. Se le otorgan propiedades de amuleto para ganar en las cartas. La creencia de que tocar las cartas con un diente de una persona fallecida podría asegurar la victoria en un juego de cartas, es un ejemplo de magia simpática.

Nº 357.
Para dolor de dientes.
1790.

Toma un diente de una persona muerta
y frótalo sobre el diente o los dientes que duelen;
esto ayuda.

En este fragmento se aborda otro ejemplo de magia simpática, donde se utiliza un objeto asociado con la muerte —en este caso, un diente humano— como remedio para el dolor. El uso de un diente de una persona fallecida para aliviar el dolor de dientes es una creencia que sugiere una transferencia simbólica de propiedades o energía del objeto al individuo.

Es fascinante observar cómo estas antiguas prácticas reflejan un intento de curación o alivio del dolor mediante métodos no convencionales, donde lo sobrenatural y lo místico juegan un papel importante. Se muestran la relación entre lo tangible (el diente) y lo intangible (el dolor y su alivio) en el pensamiento mágico, y cómo los objetos asociados con los muertos a menudo se consideraban potentes o especiales.

Nº 358.
Para que las brujas no puedan salir de la iglesia mientras haya gente dentro.

Publicado en Skilling-Magazinet en 1859 y en 'Svarteboka' en 1859.

Ve al lugar de ejecución y toma uno de los huesos más pequeños del ladrón, del cual la carne se ha desprendido.
Coloca este hueso debajo de la puerta de la iglesia.
Si hay brujas dentro mientras la gente está en la iglesia un domingo, la bruja no podrá salir hasta que se retire el hueso del ladrón.

Esta entrada describe una práctica supersticiosa para prevenir que las brujas salgan de la iglesia mientras haya personas dentro. La utilización de un hueso de un ladrón ejecutado refleja la creencia de que ciertos objetos, especialmente aquellos asociados con la muerte o con actos criminales, poseían poderes mágicos o sobrenaturales.

Este tipo de práctica puede verse como un intento de controlar o limitar el poder percibido de las brujas, usando un objeto que se consideraba maldito o impuro.

Nº 359.
Para ganar en juegos de cartas y dados.

Eker, c. 1800 y c. 1850.

Toma un hueso de un ladrón y haz un anillo con él, luego colócalo en tu dedo.

Estas creencias se basaban en la idea de que los objetos con una historia oscura o trágica, como los restos de un criminal, tenían un poder especial. En algunas culturas, se pensaba que estos objetos retenían una parte del espíritu o de la energía de la persona a la que pertenecían, lo cual podía ser utilizado para propósitos específicos, en este caso, para ganar en juegos de azar. Esos restos de energías se creía que tenían poder y que ese poder podía dirigirse hacia el objetivo de quien realizaba el anillo en este caso.

Nº 360.
Para hacer que aves y animales se queden quietos hasta que sean disparados.

Jeløen (Rygge) Eker, c. 1780.

Toma el pulgar de alguien que ha sido colgado
y haz un agujero a través de él.
Cuando veas aves o animales
a través del agujero en el hueso,
no podrán escapar o moverse
hasta que sean disparados y muertos.

De nuevo otro método en el que se expone la idea que al usar un objeto tan cargado de energía negativa o trágica, como el pulgar de un ahorcado, se podía influir en el mundo natural para obtener ventajas en actividades como la caza.

Nº 361.
Cómo puedes atraer a los pájaros hacia ti en el bosque.

Hurum, c. 1780.

Ve a la horca y pide los dedos
de la mano derecha de un ladrón.
De uno de los huesos de los dedos, debes hacer un silbato
como el que se usa para atraer un pájaro carpintero.
Y cuando soplas a través de él,
los pájaros vendrán hacia ti.

Esta práctica es otro ejemplo de cómo las creencias supersticiosas y mágicas se integraban en la vida cotidiana en el pasado. En este caso, la creencia se centra en el uso de un objeto creado a partir de los restos de un criminal ejecutado, en particular sus dedos, para fabricar un silbato que supuestamente tiene el poder de atraer a los pájaros.

La idea de nuevo, detrás de este tipo de prácticas es que los objetos asociados con la muerte, especialmente una muerte violenta o deshonrosa, como la de un ladrón ejecutado, poseían cualidades mágicas o sobrenaturales.

Nº 362.
Para que ningún animal te escape.
Borge (Sml.), c. 1735.

Toma una pieza del cráneo de un criminal, que tenga un agujero hecho con un clavo; guárdala bien contigo. Cuando quieras disparar y apuntar a un animal, mira a través de este agujero hacia él. Así podrás acercarte tanto como desees.

Esta práctica sugiere la creencia de que un objeto, en este caso una pieza del cráneo de un criminal, poseía propiedades mágicas o sobrenaturales, especialmente si había sido atravesado por un clavo (que era un método de ejecución).

Nº 363.
El arte de hacerse resistente a disparos y puñaladas.
1790.

Primero, busca un pedazo de cráneo de una persona que haya sido colgada o empalada, en el que haya crecido musgo. Una vez que lo obtengas, presta atención al lugar y déjalo allí hasta el día siguiente. Luego, regresa al mismo lugar para raspar el musgo. Envuelve el musgo en un paño de lino y cóselo en tu camisa debajo de tu brazo izquierdo, de manera que nadie lo sepa. Así, ni los disparos, cortes, puñaladas ni golpes podrán hacerte daño.

Un capitán que lo probó dijo: "Si uno va un viernes por la mañana, antes de que salga el sol, a una horca o un poste donde haya un pedazo de cráneo con musgo, lo raspa y lo ingiere cada mañana, tomando tanto como el tamaño de un guisante, entonces estará libre de heridas y disparos durante 24 horas."

La idea de coser un objeto mágico en la ropa para protegerse de daños físicos es común en muchas culturas y épocas. Se basa en la creencia de que ciertos materiales o artefactos tienen propiedades protectoras o curativas. En este caso, el musgo de un cráneo debajo del brazo izquierdo se veía como un amuleto de protección contra heridas causadas en batallas o conflictos.

También es interesante notar cómo estas prácticas estaban ligadas a rituales específicos y momentos del día, como el viernes por la mañana antes del amanecer, lo que sugiere una fusión de magia, religión y superstición en el entendimiento y la interacción con el mundo natural y sobrenatural.

Nº 364.
El arte de ganar con los dados.
1790.

Ve al cementerio y toma el hueso frontal
de la cabeza de una persona,
y llévalo contigo,
así ganarás en juegos de dados.

En este caso, el uso del hueso frontal de un cadáver sugiere que se pensaba que este hueso podría influir en la suerte o el destino, particularmente en juegos de azar como los dados.

Nº 365.
Para no disparar erróneamente.
Fron (Gbdl.), c. 1890. Storelvedal, c. 1890.

Toma huesos de personas muertas y tritúralos hasta que estén finos.
Entonces mézclalos con la pólvora.

De nuevo la creencia del poder mágico de los restos de personas fallecidas.

Nº 366.
Para que una chica tenga su período menstrual.
Fron (Gbdl.), c. 1750.

Quemar huesos humanos, triturarlos hasta convertirlos en polvo y consumirlos es un remedio seguro para la obstrucción menstrual en mujeres.

Esta práctica refleja una creencia antigua en el uso de los huesos humanos como remedio para problemas de salud, en este caso, la amenorrea o la ausencia de menstruación.

Es importante destacar que la práctica de consumir restos humanos está prohibida por razones éticas y legales. Además, el consumo de restos humanos puede presentar riesgos significativos para la salud. Este libro es una traducción literal de textos antiguos.

Nº 367.
Para la diarrea.
Jeløen (Rygge), c. 1780.

Toma un hueso de un hombre muerto en una tumba,
quémalo hasta convertirlo en polvo
y dáselo al enfermo durante tres mañanas en ayunas, sin que él lo sepa;
y lo que sobre, colócalo en el lugar donde tomaste el hueso.
Se usa para tratar la diarrea blanca en la luna nueva.

De nuevo se apela al poder de huesos para la sanación en este caso aplicando una rutina diaria de aplicación como si de una medicina actual se tratara. Es destacable el añadido de dar el remedio al enfermo sin que este lo sepa ya que, en ese caso, perdería sus cualidades mágicas.

Nº 368.
Arte de ver cosas robadas en sueños.
Skaabu (Kvikne), c. 1800.

Debes hacer una cruz † realizada con madera de muletas y colocarla debajo de tu cabeza cuando te acuestes. Así sabrás quién es cuando te despiertes de nuevo.

Y esto ha sido "probato".

El texto sugiere algún tipo de ritual o creencia antigua relacionada con la superstición de poder identificar al ladrón de un objeto robado a través de un sueño. El término "probato" se refiere a algo a que la magia ha sido probada y que funciona.

Nº 369.
Sanación con la mano de un muerto.
Folkevennen, 1859, página 450.

Se toma de un cementerio una mano de un cadáver,
con la que se frota al enfermo,
y se trae de vuelta antes del anochecer.
Si esto no puede hacerse, se debe colocar algo de acero en su lugar.
El procedimiento debe ser realizado por una persona soltera.

Este ritual de sanación requiere unos procedimientos específicos para que sea efectivo. Los tiempos, lo que hay que hacer en caso de no retornar la mano al cementerio y quien debe realizar la sanación, está claramente establecido.

Nº 370.
Cuando una bala ha sido hechizada.
Frøn (Gbd.), c. 1790.

Toma musgo de la cabeza de un muerto,
colócalo entre la pólvora y la bala, y dispara así.
Y entonces ningún hechizo te alcanzará.

Esta parece ser una instrucción para protegerse contra balas que se creen están hechizadas, utilizando musgo de una cabeza de muerto como una forma de contrarrestar la magia.

Nº 371.
Para arreglar un arma embrujada.
Telemark (Rygge), c. 1800.

Toma musgo de la cabeza de un cadáver,
colócalo entre la pólvora y la bala y dispara de esa manera.
Entonces acertarás con certeza.

De nuevo al musgo de la cabeza de un cadáver se le otorgan cualidades mágicas en este caso para contrarrestar un arma que ha sido hechizada.

FIN PRIMER VOLUMEN

†